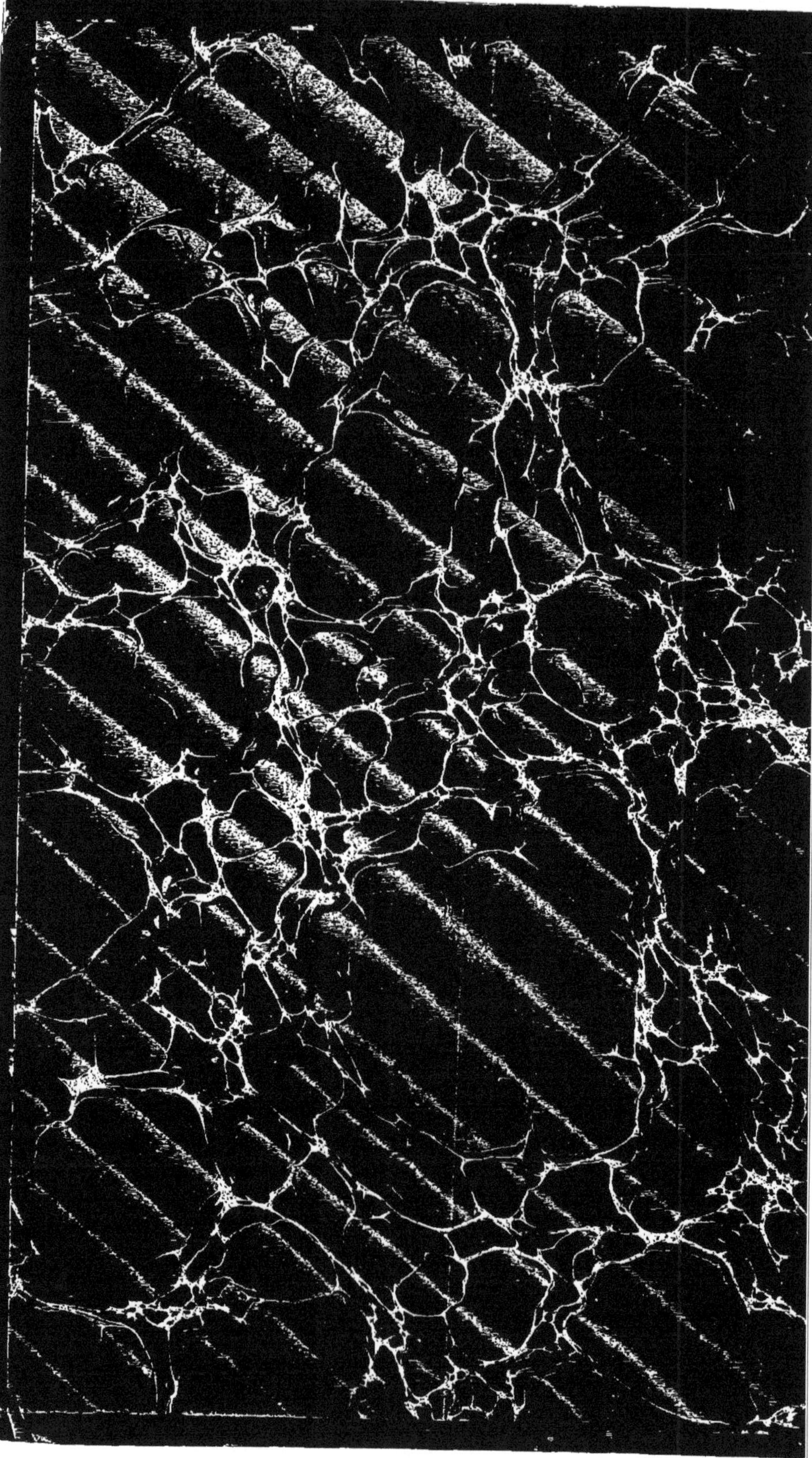

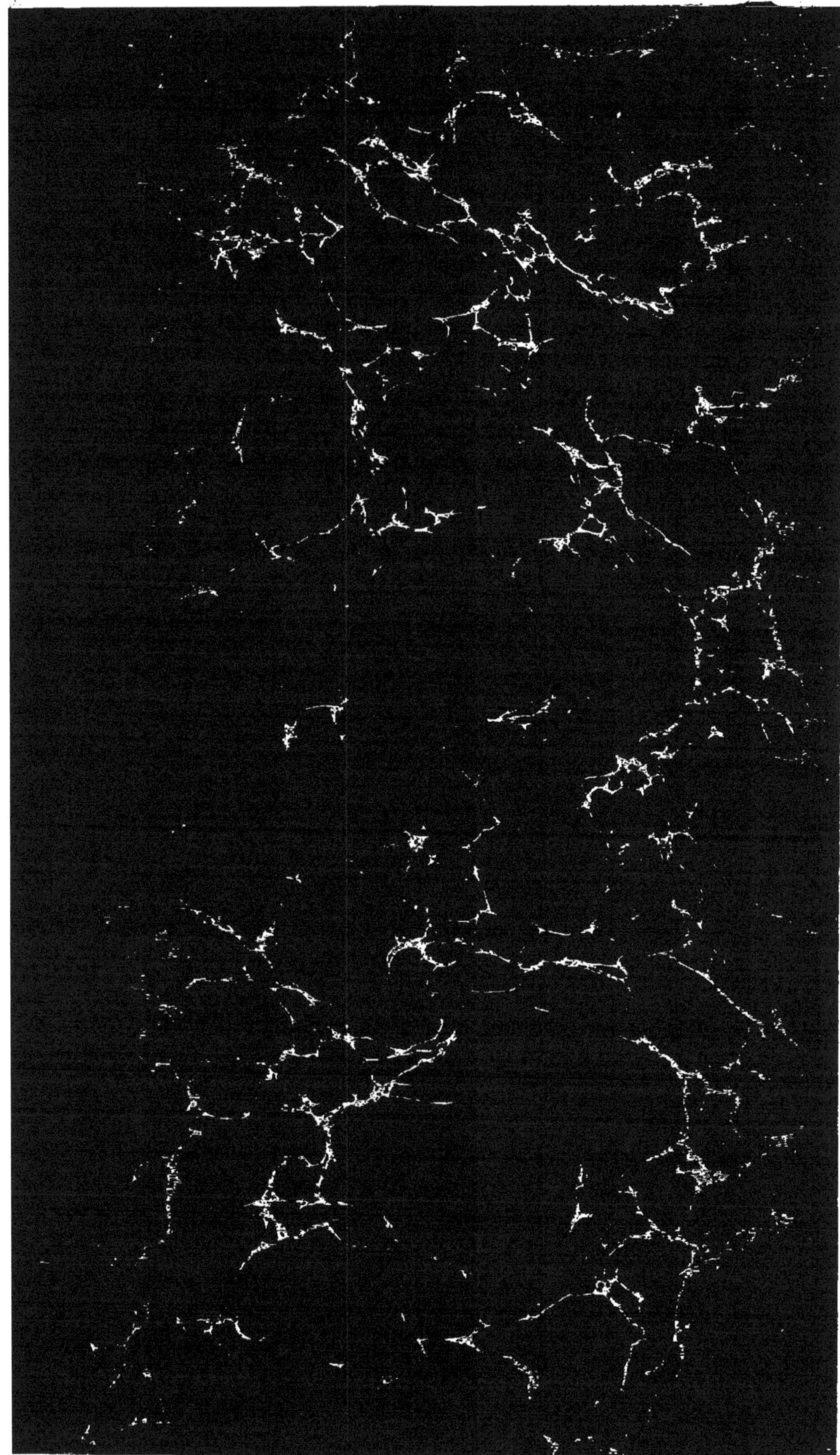

MICHEL-ANGE

ET

RAPHAËL

IMPRIMERIE GÉNÉRALE DE CH. LAHURE

Rue de Fleurus, 9, à Paris

MICHEL-ANGE

ET

RAPHAËL

AVEC UN SUPPLÉMENT

SUR

LA DÉCADENCE DE L'ÉCOLE ROMAINE

PAR

A.-F. RIO

PARIS

LIBRAIRIE DE L. HACHETTE ET Cie

BOULEVARD SAINT-GERMAIN, N° 77

FRIBOURG-EN-BRISGAU, M. B. HERDER, LIBRAIRE

1867

Tous droits réservés

MICHEL-ANGE

MICHEL-ANGE.

Dans les deux siècles si féconds qui se sont écoulés de Dante à Michel-Ange, l'influence de la papauté s'est fait sentir, d'une manière plus ou moins marquée, dans toutes les manifestations qui préparaient ou constataient un progrès de l'intelligence humaine. S'il lui est arrivé quelquefois d'être devancée, ou même, si l'on veut, surpassée par d'autres puissances dans l'appréciation des travaux scientifiques qui ont servi de prélude aux merveilles de la civilisation moderne, on peut dire qu'il y a un domaine dans lequel elle est restée sans rivale; et ce domaine, qui a aussi ses merveilles, appartenant à une sphère bien plus relevée, est le domaine de l'art, ou, en d'autres termes, la religion de l'*idéal*, avec ses traditions, son culte et ses pontifes.

Quand Boniface VIII, par l'institution de son jubilé séculaire, au début du quatorzième siècle, inaugurait une ère nouvelle qui devait être si féconde, on avait vu l'art chrétien venir, pour ainsi dire, se prosterner aux pieds du successeur de saint Pierre et se faire bénir dans la personne de Giotto, regardé par ses contemporains comme le régénérateur de la peinture. Maintenant, après deux siècles de progrès, réalisés loin de Rome et souvent dans des directions qui ne semblaient pas répondre à la bénédiction primitive, nous allons voir les trois branches de l'art, représentées par trois génies incomparables, venir presque simultanément et sans s'être entendues, payer leur dette commune à la Cité Sainte, en la décorant des chefs-d'œuvre qui lui assurent un autre genre de suprématie sur toutes les capitales du monde.

Le plus maltraité, entre ces trois grands hommes a été Bramante dont la conception primitive, en ce qui regarde l'œuvre de Saint-Pierre, ne fut pas assez respectée par ses successeurs; mais Raphaël et Michel-Ange ont été plus heureux, et, malgré les altérations plus ou moins perceptibles causées par le temps et par des retouches partielles, nous pouvons jouir de leurs ouvrages presque aussi complétement que leurs contemporains.

L'histoire de l'art offre peu de spectacles aussi curieux que celui des relations qui s'établirent entre ces deux génies naturellement antipathiques l'un à l'autre, et dont l'antagonisme devait se résoudre, sans préméditation de leur part, en une sorte de fusion dont Raphaël tira le plus de profit, bien qu'il n'y jouât pas le rôle de conquérant. En effet, ce fut lui qui subit l'influence de Michel-Ange, bien plus que Michel-Ange ne subit la sienne; à quoi il faut ajouter que l'empreinte du dernier est restée beaucoup plus fortement marquée dans les produits de l'école Romaine, devenue de plus en plus étrangère aux traditions Ombriennes.

Le poëte Pindemonte a appelé Michel-Ange l'homme à quatre âmes, et il suffit d'étudier séparément l'une d'elles pour trouver matière à une intéressante biographie. Mais la plus intéressante de ces âmes est sans contredit celle du sculpteur; comme il nous dit lui-même, dans une de ses lettres, qu'il ne se trouve à l'aise que quand il a un ciseau à la main, et il déclare, dans un de ses sonnets, qu'il n'y a point de pensée que l'artiste ne puisse circonscrire dans un bloc de marbre.

Pour bien apprécier les œuvres de Michel-Ange et son caractère personnel, non moins intéressant que ses œuvres, il faut ne pas perdre de vue son premier apprentissage et les impressions que durent faire certains événements sur sa jeune et fière imagination. Élevé d'abord dans l'atelier de Domenico Ghirlandaio, quand il n'avait encore que treize ans (1488), il passa bientôt sous le patronage de Laurent le

Magnifique, et se mit à étudier la sculpture dans ce fameux jardin des Médicis, où sa vocation fut irrévocablement déterminée. Là ses premiers essais furent en tout conformes au goût de son patron et à celui de Politien qui l'éclairait de ses conseils. Il sculpta une tête de vieux Faune et un Bacchus, conservés l'un et l'autre dans la galerie des Uffizi, puis un Hercule qui fut envoyé plus tard au roi de France, puis un bas-relief qu'on peut voir encore aujourd'hui dans le palais Buonarotti à Florence et qui représente un combat de Centaures, où les contorsions et les entrelacements de membres n'empêchent pas de distinguer un certain sentiment du beau dans les formes et une prédilection marquée pour les modèles grecs, du moins dans les détails; car l'originalité de l'artiste n'y est pas très-fortement accentuée, et l'ensemble de la composition est plutôt conçu dans l'esprit des bas-reliefs romains.

Michel-Ange n'avait pas encore vingt ans quand le dégoût de sa position précaire joint à la peur d'être enveloppé dans la disgrâce imminente des Médicis qui avaient voulu le traiter en laquais, le fit s'enfuir précipitamment à Bologne. Là il trouva dans le chef de la noble famille des Aldovrandi, un protecteur généreux et intelligent qui lui fit sculpter, pour la châsse inachevée de saint Dominique, cette ravissante figure d'ange qui, malgré la disproportion de la draperie et de la chevelure, fait presque regretter que l'artiste ne soit pas resté plus longtemps sous le même patronage.

Il faut remarquer que ce nouveau patron ne se
borna pas à tirer parti de lui comme sculpteur, mais
qu'il se faisait lire par lui les ouvrages des fameux
poëtes florentins, entre autres ceux de Pétrarque et
de Dante, ce qui supposerait dans le jeune lecteur,
une initiation très-précoce aux beautés sévères de la
Divine Comédie.

Une initiation d'un autre genre attendait Michel-
Ange à Florence. La tempête, dont on lui avait fait
craindre l'approche, avait effectivement éclaté sur la
tête des Médicis, et leur expulsion, en 1494, avait
laissé un plus libre cours que jamais aux prédications
de Savonarole, qui appliquait à son siècle, à la génération présente, et surtout à ses adversaires politiques et religieux, les avertissements et les menaces
que les anciens prophètes avaient adressés au peuple
juif. Or, cette exégèse ardente coïncide précisément
avec le retour de Michel-Ange dans sa patrie, et continua, sur le même ton et avec les mêmes effets,
jusqu'à l'époque de son premier départ pour Rome
en 1496. Que Michel-Ange ait figuré alors parmi les
auditeurs et même parmi les admirateurs du prédicateur Dominicain, c'est ce qui est attesté par ses
deux biographes, qui vécurent tous deux intimement
avec lui et qui durent l'entendre parler, plus d'une
fois, de cet événement mémorable de sa vie; mais
ils n'en ont pas compris ou ils n'en ont pas voulu
comprendre l'importance. Ce mauvais vouloir est
surtout visible dans Vasari qui se borne à constater
la vénération de Michel-Ange pour les écrits de Sa-

novarole [1], mais sans faire mention de l'affection qu'il eut toujours pour sa personne [2]. On aimerait aussi à savoir sur quels écrits du grand réformateur se portait plus particulièrement la prédilection du grand artiste, et si, en les méditant, il nourrissait le regret d'un idéal perdu sans retour, ou l'espoir d'un autre idéal, qui dédommagerait de tout. Quoi qu'il en soit, nous trouvons ici l'indice d'une grande précocité et d'une grande ténacité d'impressions, et nous avons, dans ce culte d'une si jeune âme pour deux génies, comme Dante et Savonarole, l'explication anticipée de plus d'une énigme.

Il faut donc se figurer Michel-Ange arrivant à Rome à l'âge de vingt-un ans, le cœur et la mémoire remplis de ce qu'il vient d'entendre, et aspirant, comme chrétien et comme artiste, à la réalisation de l'idéal qui obsède plus que jamais sa bouillante et poétique imagination. Il continue à cultiver de loin ses amis florentins, même ceux qui portent des noms suspects; et c'est Sandro Botticelli, le partisan le plus dévoué de Savonarole, qu'il prend pour intermédiaire de sa correspondance clandestine. Il trouve dans son premier patron, le cardinal Riario, une passion prononcée pour les sculptures païennes, et il accepte la tâche de faire pour lui quelque chose du même genre; mais heureusement ce cardinal avait un servi-

1. *Ebbe in gran venerazione le opere scritte da Savonarola, per avere udito la voce di quel frate in pergamo.* (Vasari.)

2. *Al quale egli ha sempre avuta gran affezione, restandogli ancora la memoria della sua viva voce.* (Condivi.)

teur moitié peintre et moitié barbier, qui ne parta-
geait pas les goûts de son maître, et qui demanda au
jeune artiste, devenu son ami, de lui dessiner, suivant la *manière antique*, un saint François recevant
les stigmates [1]. Plus heureusement encore, il se
trouva, dans le sacré collége, un abbé de Saint-Denis,
nommé Jean de la Groslaye, qui eut l'idée de faire
sculpter pour l'église de son abbaye, un groupe représentant le Christ mort sur les genoux de la Vierge,
et qui eut le mérite d'en charger Michel-Ange, malgré
les difficultés que présentait un pareil sujet à un ciseau aussi peu exercé que le sien dans ce genre de
composition.

Ce fut la matière de son premier triomphe comme
grand sculpteur chrétien. C'était la première fois
que l'art, depuis sa renaissance, produisait un
groupe aussi parfait, tant sous le rapport de la
science que sous le rapport de l'inspiration, et c'est
un des cas, extrêmement rares, où l'on est tenté de
souscrire, sans restriction, aux éloges dithyrambiques de Vasari. Il y a tant de grâce et de noblesse
dans la pose des deux figures, tant d'harmonie entre
les lignes de l'une et les mouvements de l'autre,
tant de beauté et tant de pureté dans les types, tant
de justesse dans l'accent pathétique qui ressort de
tout l'ensemble et qui n'est point encore troublé

---

1. *Secondo la maniera antica.* C'est l'expression de Varchi,
dans son oraison funèbre de Michel-Ange. Ce tableau qui était
à San-Pietro in Montorio, a disparu depuis longtemps.

par l'étalage pédantesque de l'érudition anatomique!
Pourquoi cette première manière de Michel-Ange
n'a-t-elle pas duré plus longtemps[1]!

Quand il acheva ce chef-d'œuvre, dans la dernière année du quinzième siècle, il avait fait un assez long séjour à Rome, pour en bien étudier les monuments et pour tirer de cette étude tout le profit que comportait l'indépendance naturelle de son génie; car nul ne sut, mieux que lui, concilier cette qualité avec le respect dû aux productions de l'antiquité classique. Aussi ne fut-il jamais subjugué, comme le furent tant d'autres, par les modèles grecs ou romains qui passèrent alors sous ses yeux. Ni la Vierge, qu'il dut sculpter vers cette époque pour la ville de Bruges[2], ni les deux médaillons inachevés qui se trouvent l'un à la galerie des Uffizi, l'autre à l'Académie royale de Londres, ne trahissent la moindre réminiscence d'une Minerve, ou d'une Junon, ou d'une matrone romaine, ou de tout autre type, gracieux ou sévère, emprunté aux statues antiques. Son idéal, en ce genre, fut celui dont il dévia le moins dans toute sa carrière, même quand ses déviations devinrent le plus déplorables.

Michel-Ange quitta Rome, sans avoir subi le patronage d'Alexandre VI, en qui il lui était difficile

1. Il y a deux copies assez bonnes de ce groupe, l'une en marbre dans l'église de San-Spirito, à Florence, l'autre en bronze, dans l'église de Sant-Andrea della Valle à Rome.

2. Ce bel ouvrage, dont Vasari ne parle pas, est mentionné par Albert Dürer qui le vit à Bruges, en 1521.

de ne pas voir le complice des bourreaux de Savonarole. Son talent et sa renommée avaient tellement grandi depuis son départ, que bientôt il ne put
plus suffire à l'empressement de ses admirateurs.
Outre ceux qu'il laissait à Rome même, il en avait à
Florence, parmi les magistrats les plus influents de la
République, et il en avait à Sienne dans la noble famille des Piccolomini sur laquelle le pontificat, malheureusement trop court, de Pie III venait de jeter
un nouveau lustre. Pendant que ce dernier n'était
encore que Cardinal, son goût personnel, joint à
d'impérieuses traditions domestiques, lui avait suggéré la pensée de laisser après lui un monument
digne du beau nom qu'il portait, et ce monument,
destiné à orner sa chapelle dans le dôme de Sienne
et confié au ciseau de Michel-Ange, devait se com-
poser de quinze statues de moyenne grandeur, lesquelles devaient être toutes terminées dans l'espace
de trois ans.

Il faut croire que la mort de Pie III ralentit le zèle
de l'artiste; car, à l'expiration du terme convenu
(1504), il n'avait même pas achevé le tiers de l'ouvrage entrepris[1], absorbé qu'il était par les tâches
de plus en plus ardues que lui imposaient ses concitoyens. C'était d'abord un David en marbre pour le
dôme de Florence, puis un David en bronze, destiné au maréchal de Gies et détourné de sa destina-

---

1. Quatre statues furent achevées et payées ; on ignore ce
qu'elles sont devenues.

tion après sa disgrâce[1], puis douze statues d'apôtres pour l'intérieur de la cathédrale, puis enfin le fameux carton de la guerre de Pise, lequel joue un si grand rôle dans l'histoire de l'art, au commencement du seizième siècle.

Ici paraît, dans toute sa malignité, cette fatalité qui a poursuivi les œuvres de Michel-Ange, dispersant ou détruisant les unes, et suscitant des obstacles insurmontables à l'achèvement des autres. De toutes celles que nous venons d'énumérer, il ne reste que l'ébauche, justement admirée, de la statue de saint Mathieu[2], et le David en marbre qu'on voit à l'entrée du Palazzo-Vecchio, et qui fut sculpté sur un bloc déjà entamé par une autre main. De là, des difficultés techniques, d'un genre tout à fait nouveau, surmontées avec une habileté prodigieuse. C'était, depuis Donatello, un des thèmes favoris de l'école Florentine, et Michel-Ange, pour le rajeunir et pour se prévaloir de ses études anatomiques, substitua le nu au costume arbitraire de son devancier et l'attitude pastorale à l'attitude héroïque. Suivant toute apparence et contrairement à ses habitudes, il prit son modèle dans la nature vivante ; mais, en donnant à une figure d'adolescent des proportions colossales, il rencontra des difficultés d'un autre genre, qui étaient toutes nouvelles pour lui,

---

1. D'après Varchi et Vasari, ce David en bronze devint la propriété du roi de France.

2. Cette statue, ou plutôt ce bloc, se trouve dans la cour de l'Académie des Beaux-Arts.

et qui ne furent pas surmontées avec le même bonheur[1].

L'apparition de cette statue n'en fut pas moins
une sorte d'événement national à Florence, et les
documents contemporains, en reproduisant les déli-
bérations qui la concernent, nous montrent les principaux magistrats tout occupés de sa translation,
comme s'il s'était agi de la translation d'une relique,
ou de la consécration d'un Palladium pour la République. Tout ce qu'elle comptait d'artistes éminents
dans tous les genres, peintres, sculpteurs, architectes, graveurs, orfévres, brodeurs, et miniaturistes[2],
était convoqué pour délibérer sur l'emplacement qui
conviendrait le mieux pour faire ressortir toutes les
beautés de ce chef-d'œuvre, puis les prieurs eux-
mêmes instituaient une commission de surveillance
pour obvier à toutes les difficultés du transport, et
désignaient les artistes qui devaient lui construire un
piédestal; enfin, après une longue attente, après
quatre jours entiers employés à traîner *le géant* depuis le voisinage du dôme jusqu'à la place du palais,
il y parvint enfin le 18 mai 1504, à l'heure de midi,
et le 8 septembre suivant, il posait triomphalement

1. La première idée de Michel-Ange avait été de représenter David avançant le genou et tenant le pied droit sur la tête
de Goliath.

2. Sur cette liste qui contient trente noms, figurent ceux de
Léonard de Vinci, du Pérugin, de Giov. dalle Corniole, d'Ata-
vante, du Cronaca, de Botticelli, de Lippi, etc. Voir la nouvelle
édition de Vasari, vol. XII, p. 343.

sur sa base, à la place qu'avait occupée jusqu'alors la Judith de Donatello.

Un mois après, Michel-Ange, alors au comble de la faveur auprès de ses concitoyens, mettait la main au fameux carton de la guerre de Pise, avec un nouveau stimulant pour ne pas tromper l'attente publique; ce stimulant était la concurrence formidable de Léonard de Vinci.

Le choix du sujet n'était pas heureux, et ne pouvait faire briller dans l'artiste que des qualités subalternes. C'était une guerre inique et brutale, poussée à outrance par une bourgeoisie cupide qui foulait aux pieds la liberté d'autrui, au moment même où elle se vantait d'avoir reconquis la sienne. De plus, c'était une guerre qui n'avait été signalée par aucun triomphe dont le souvenir méritât d'être perpétué par le pinceau d'un grand artiste, de sorte que Michel-Ange, à défaut d'inspiration religieuse ou patriotique, se fit un jeu de multiplier les difficultés techniques, pour se donner le mérite de les vaincre, variant et compliquant à l'infini les mouvements et les attitudes, et accomplissant des tours de force qui étaient moins faits pour exciter l'admiration que la stupéfaction. Jamais on n'avait vu tant de science anatomique déployée dans la tension des divers muscles, particulièrement dans ceux du visage, jamais on n'avait vu tant d'invraisemblances accumulées pour introduire des nudités et des raccourcis de membres dans toutes les positions imaginables, et il fallait toute la naïveté, ou plutôt toute la niaiserie d'enthousiasme de Vasari, pour parler, comme il le fait, de ces *figures divines* dans lesquelles se trouvait exprimée, selon lui, *la divinité de l'art* avec une perfection, où n'avait jamais atteint aucun autre génie.

Sans se prosterner, comme le biographe, devant la *divinité* de cette œuvre, les contemporains y virent un immense progrès accompli dans une direction nouvelle, et les jeunes artistes, au lieu de compléter leur apprentissage dans la chapelle de Masaccio comme ils l'avaient fait jusqu'alors, vinrent le compléter sur le fameux carton. Plusieurs qui étaient déjà en pleine possession de leur renommée, crurent lui donner une sanction de plus en se mêlant à la foule des initiés ou de ceux qui aspiraient à le devenir ; de sorte que la liste des disciples ou plutôt des sectateurs plus ou moins fanatiques qui se rencontrèrent ou se succédèrent devant l'autel du nouveau dieu, embrasse toute la génération de peintres qui fit briller quelques derniers rayons de gloire sur l'école Florentine au seizième siècle [1].

Ainsi Michel-Ange, à trente ans, se voyait décerner par ses concitoyens le sceptre de la sculpture et de la peinture, et rien ne pouvait désormais mettre obs-

---

1. Le carton de la guerre de Pise, transporté plus tard au palais Médicis, fut déchiré et dispersé dans différentes villes d'Italie. Quelques groupes ont été gravés par Marc-Antoine et Agostino Veneziano. Une copie, en clair-obscur, de toute la composition, se trouve au château d'Holkam, en Angleterre. On croit que c'est celle que fit Aristotile da San-Gallo, en 1542.

tacle à la révolution qu'il était appelé à produire dans ces deux branches de l'art, quand le pape Jules II eut la fantaisie de se faire construire par lui un monument sépulcral qui surpassât, sous le rapport des dimensions et de l'exécution, tout ce qu'on avait fait de plus magnifique pour ses prédécesseurs.

Cette offre n'était pas seulement séduisante, en vue du patronage pontifical; elle l'était encore plus à cause de la vocation de plus en plus prononcée que l'artiste se sentait pour la sculpture, malgré le succès, vraiment inouï, qu'avait obtenu son carton de la guerre de Pise. On eût dit que, pour se trouver dans son élément, il avait besoin d'entrer en lutte avec le marbre, et de le forcer à devenir l'interprète de ses conceptions originales et gigantesques. Aussi son attitude et son expression, en dégrossissant ses blocs, étaient-elles celles d'un assaillant, mais d'un assaillant qui était sûr de frapper juste et qui jouissait d'avance de son triomphe [1].

1. Un témoin oculaire disait : « A propos d'ébauches, je puis dire avoir vu Michel-Ange, bien qu'âgé de plus de soixante ans et n'étant pas des plus robustes, faire sauter plus d'éclats de marbre en un quart d'heure, que n'auraient pu faire des garçons d'atelier dans un espace de temps trois ou quatre fois plus considérable. Chose incroyable pour ceux qui ne l'ont pas vue ! Il entamait le marbre avec tant de furie qu'il me semblait que tout son ouvrage allait se briser en morceaux. D'un seul coup, il faisait sauter un éclat de l'épaisseur de trois ou quatre doigts, et il frisait de si près la ligne indiquée que s'il avait enlevé le moindre petit morceau de plus, il courait risque de perdre son bloc. »

Il n'y avait donc pas de perpective plus propre à flatter son imagination, que celle d'avoir à sculpter un tombeau pour un Pontife comme Jules II, que rien de médiocre ne satisfaisait, et qui, de plus, avait une haute idée de son rôle et du vide immense que sa mort laisserait dans le monde. Ce fut sans doute en spéculant sur cette faiblesse bien connue, que l'artiste traça le dessin d'un grand monument quadrangulaire, à deux étages, destiné à être vu de quatre côtés et à être décoré de statues historiques, allégoriques et autres, dont le nombre ne s'élèverait pas à moins de quarante. Là-dessus, une large part était naturellement faite à la passion du sculpteur pour les nudités savantes, et une part non moins large à la vanité de son nouveau patron, dont la figure, couchée sur le sommet de ce vaste cercueil, était accompagnée de celles de deux femmes : l'une représentant la Terre, sous la figure de Cérès, inconsolable d'une telle perte; l'autre, représentant le Ciel qui se réjouit d'une telle acquisition. Au-dessous, étaient rangés les prophètes, les apôtres, et les vertus, ces dernières distribuées deux à deux sur les quatre angles. Plus bas, on voyait les emblêmes tout nus des sciences et des arts, les pieds et les mains liés, comme ayant été paralysés par la mort de leur protecteur. C'était le symbolisme le plus arbitraire qu'on eût encore vu, et ce n'était là que son moindre défaut; car, en envisageant cette composition par son côté moral et religieux, il était difficile de n'être pas frappé de certaines dissonances qui blessaient autre chose que le bon goût [1].

En supposant que Michel-Ange ait poussé trop loin la déférence pour son impérieux patron, il faut dire que jamais faiblesse de ce genre ne fut si rudement, ni si longuement expiée. L'expiation commença du vivant même de Jules II (1506), et se prolongea, avec des redoublements d'amertume, jusque bien avant dans la vieillesse du grand homme. A chaque nouvelle élection de Souverain Pontife, c'était un nouveau conflit qui se terminait toujours par la suspension des travaux relatifs à ce malheureux monument. Et quand il croyait le moment venu de le reprendre, des héritiersqui, contrairement aux traditions de leur famille, semblaient plus occupés de la succession de leur oncle que de sa gloire, violaient tous les engagements contractés par lui. A force de chicaner leur victime sur la valeur des travaux déjà faits et même sur le prix des matériaux, qui avaient nécessité de longs séjours à Carrare, ils faisaient réduire, par des altérations successives du contrat primitif, le nombre des statues d'abord à six, puis à trois, au mépris de la clause impérative contenue dans le testament du défunt; et, en guise de stimulant à l'émulation de l'artiste, ils cherchaient à flétrir son honneur par les plus graves imputations,

1. Toutes ces statues ont été dispersées. Deux se trouvent dans le musée du Louvre, deux dans la grande salle du Palais Vieux, et quatre servent de décoration à la grotte du jardin Boboli, derrière le palais Pitti.

l'accusant d'avoir détourné, à son profit, une partie
des fonds déposés entre ses mains. Bien que l'accu-
sateur fut un souverain, (c'était le duc d'Urbin) l'accusé lui fit répondre fièrement *qu'il avait fabriqué un
Michel-Ange avec les matériaux qu'il avait trouvés
dans son propre cœur.* On voit que son biographe
Condivi n'a pas eu tort d'appeler cette série de tribulations et d'angoisses *la tragedia del Sepolcro,* ou
l'histoire tragique du tombeau [1].

Il est difficile de n'être pas profondément ému devant la statue de Moïse, quand on pense à ce douloureux enfantement. De toutes les grandes œuvres
d'art, c'est sans contredit celle qui a coûté le plus de
souffrances à son auteur. Il ne faut pas oublier que,
chez Michel-Ange, la fierté fut égale au génie, non
seulement la fierté d'artiste sachant quel rôle il joue
dans le monde, mais la fierté républicaine puisée à une
source non suspecte. Avec ce double instinct au fond
de l'âme, qu'on se figure, s'il est possible, les tortures
qu'il dut endurer, et le besoin qu'il dut éprouver de
chercher, dans les régions supérieures de l'idéal, soit
religieux, soit esthétique, un soutien contre ses tentations de murmure ou de défaillance. Ceci, joint à
d'autres épreuves qui lui vinrent plus tard, nous explique la sauvagerie de son humeur, qui ne fit que
croître avec l'âge, et l'accent de tristesse profonde
qui forme, pour ainsi dire, la note dominante de

---

1. Un dessin du plan primitif de ce monument se trouve à
Florence, dans la collection de la galerie des Uffizi.

plusieurs de ses écrits dans la dernière partie de sa carrière.

Quoi qu'il en soit, le découragement n'a pas laissé son empreinte sur cette statue de Moïse, ni sur les deux figures qui l'accompagnent et qu'on est convenu d'appeler Rachel et Lia, c'est-à-dire la vie active et la vie contemplative. Partout ailleurs, on s'arrêterait pour les admirer, particulièrement la première dont la beauté, l'expression et le regard si puissamment tourné vers le ciel, font bien plus que racheter ce qu'il peut y avoir de défectueux dans le mouvement du corps, et dans la jointure des mains, qui sont un peu lourdement dessinées. Mais le géant, qui est assis au milieu, et qui couvre tous ces défauts de son ombre, concentre sur lui seul, malgré qu'on en ait, toute l'attention et toute l'admiration du spectateur. Il n'y a peut-être pas, dans tout le domaine de l'art, une autre œuvre devant laquelle la critique, si elle est vraiment intelligente, soit tenue d'être si timide ; d'autant plus que la statue n'étant pas à la place que lui avait donnée son auteur, ni soutenue par l'entourage qu'il lui avait destiné, ne se trouve plus ici à son véritable point de vue. Mais, ce sont seulement des beautés de second ordre qui sont compromises par ce déplacement et la figure imposante du législateur prophète n'en produit pas moins tout son effet. « La statue de Moïse, dit M. Perkins, bien qu'elle laisse à désirer sous le rapport de la *spiritualité*, ne manque nullement *d'idéalité* à la manière de Michel-Ange, c'est-à-dire du genre *d'idéalité* qui appartient à une créature plus élevée que l'homme, bien que matériellement liée à la terre[1]. »

L'artiste s'est particulièrement préoccupé de l'autorité du regard, qui est ici rendue avec une intensité dont il n'y a peut-être pas d'exemple dans la sculpture ancienne ou moderne. Seulement cette fixité de direction semble peu d'accord avec ce qu'il y a d'indéterminé dans l'action; car le moment choisi n'est, ni celui où Moïse reçoit la loi, ni celui où il la transmet, ni celui où il brise les tables. C'est le même vague qu'on remarque souvent, et qu'on n'approuve pas toujours, dans les œuvres plastiques de Michel-Ange. Si quelque chose leur manque, c'est la signification nette, et peut-être aussi ce qu'on appelle *le caractère*, ce qui explique pourquoi il ne fit jamais de portraits. On a dit que la tête de Moïse était un portrait approximatif de Jules II, et que l'artiste avait voulu à la fois symboliser et idéaliser ce terrible Pontife qui semblait avoir fait du Vatican une espèce de Sinaï, d'où il ne parlait qu'en s'accompagnant de foudres et d'éclairs; mais il y a tout autant de raisons pour voir dans cette tête, à lignes rudes et anguleuses, celle de Michel-Ange lui-même, instincti-

---

1. *History of sculpture*, vol. II, p. 41. Cet ouvrage où la matière est traitée à fond et qui m'a été communiqué en Italie, avant sa publication, m'a permis d'être succint en traitant de cette branche de l'art chrétien. J'étais persuadé qu'un travail si remarquable et si consciencieux ne pouvait manquer d'avoir chez nous les honneurs de la traduction.

vement adoucie par des inspirations qui pouvaient bien lui venir, à son insu, des modèles antiques; car la forme du front et la manière dont les cheveux y sont plantés, rappellent un peu le Jupiter Olympien, comme le profil des deux statues latérales rappelle celui de certaines statues qu'on rencontre dans les musées de Rome. Peut-être pourrait-on reprocher à l'artiste d'avoir poussé un peu trop loin sa répugnance pour les draperies conventionnelles. Les siennes, avec leurs brisures brusques et leurs plis non motivés, manquent le plus souvent de grâce et d'ampleur; mais, dans le Moïse, tout cela devait être sacrifié au but principal, qui était de faire ressortir, de la manière la plus saisissante, dans l'ensemble et dans les moindres détails, l'énergie physique et morale du personnage historique ou symbolique qu'on avait voulu représenter.

Le monument auquel cette statue colossale était destiné, devait montrer Jules II vainqueur des ennemis étrangers et de la mort même. Ce n'était pas assez pour lui; il en voulut avoir un autre qui le montrât vainqueur de ses propres sujets, et qui fût placé de manière à donner, autant que possible, une sanction inviolable à sa puissance, même temporelle. Les sujets indociles qu'il s'agissait de tenir en respect, étaient les Bolonais, et le Pape crut qu'en mettant sa statue en bronze dans une niche, au frontispice de leur cathédrale, il embrouillerait dans leur esprit les notions de maître et de patron, d'autant plus que le geste de la statue était équivoque et

pouvait aussi bien se prendre pour une malédiction
que pour une bénédiction.

Avant d'entreprendre cette nouvelle tâche, Michel-
Ange dut se réconcilier avec le souverain Pontife,
dont il avait brusquement quitté le service, pour un
manque d'égards que sa fierté n'avait pas enduré.
Pour recouvrer son artiste favori, le Pape recourut
aux négociations et même aux menaces vis-à-vis de
la République florentine qui ne voulut pas se com-
promettre par un refus. Michel-Ange rassuré se rendit
donc à Bologne, où la réconciliation fut aussi brusque
que l'avait été la rupture.

Il fallut donc que le génie du grand homme s'a-
baissât encore à une œuvre de circonstance, dont la
destruction n'était que trop facile à prévoir. Il y
perdit seize mois entiers, et il est superflu d'ajouter
qu'il ne fut soutenu par aucun genre d'inspirations.
Heureusement pour lui, son patron n'avait nullement la prétention d'être idéalisé dans ce portrait
colossal, qui devait perpétuer non pas un souvenir,
mais une menace. C'était l'intention, nettement exprimée, du Pontife lui-même, qui voulut que l'artiste
lui mît dans la main gauche, non pas un livre, mais
une épee[1].

Les impressions personnelles de Michel-Ange, dès
longtemps familiarisé avec son modèle, lui facilitèrent
singulièrement sa tâche. Il fit une statue grandiose,

---

1. *E richiesto sua santità se dovessi porre un libro nella sinis-
tra, gli di e : mettivi una spada, chè io non so lettere.* Vasari.

majestueuse, richement et magnifiquement drapée, dit Vasari, et dont le visage exprimait la force, la promptitude et la *terribilité*. Pour qu'elle restât debout, il aurait fallu rendre toute réaction impossible contre la domination pontificale. Or, la réaction éclata du vivant même de Jules II (1511), quand la dynastie des Bentivoglio rentra, malgré lui, dans ce qu'elle appelait son domaine héréditaire. Le nom du grand artiste, qui avait coulé la statue, ne put la sauver de la fureur populaire. Après avoir été abattue de sa niche, comme d'un trône usurpé, elle fut impitoyablement mise en morceaux, qui servirent plus tard à la fabrication d'une fameuse pièce d'artillerie pour l'arsenal du duc Alphonse de Ferrare[1].

Mais cette catastrophe trouva Michel-Ange en possession d'un titre bien autrement solide à l'admiration de la postérité. Dans la matinée du 1er novembre 1509, jour de la Toussaint, les peintures de la voûte de la chapelle Sixtine avaient été enfin découvertes. C'était l'inauguration d'une ère nouvelle dans l'histoire de l'art, et c'était aussi un triomphe éclatant sur ses envieux dont les intrigues, si l'on en croit Vasari, lui avaient suscité cette tâche toute nouvelle pour lui, dans l'espoir que sa renommée n'y survivrait pas[2].

Que l'on admette ou que l'on rejette cette légende,

---

1. Ce canon fut appelé *la Giulia*. La tête de la statue fut sauvée et conservée longtemps chez le duc de Ferrare.

2. Le biographe impute cette intrigue à Bramante.

accréditée sur une autorité trop suspecte , il est certain que Michel-Ange, avant d'obéir à son fougueux patron , protesta de son inaptitude à ce genre de travaux, et poussa la défiance de lui-même jusqu'à recommander à son choix le plus dangereux de ses rivaux , qui n'était autre que Raphaël. Mais plus il faisait de difficultés, plus le Pontife s'emportait contre lui, et ce fut plutôt à sa colère qu'à ses arguments qu'il céda, quand il consentit enfin à se charger seul de cette œuvre colossale.

Il faut remarquer que le procédé de la peinture à fresque ne lui était pas moins étranger que celui de la peinture à l'huile, et qu'à l'âge de trente-cinq ans qu'il avait alors atteint, il n'avait peint que trois ou quatre tableaux à la détrempe, dont le plus connu, supposé qu'il en soit l'auteur, est dans la galerie des Uffizi, à Florence. Il suffit d'y jeter un coup d'œil pour y reconnaître l'ouvrage d'un sculpteur, et d'un sculpteur plus épris des formes anatomiques que de la poésie de son sujet. Les poses et les mouvements semblent calculés pour faire ressortir, non pas tel ou tel sentiment, mais le jeu des articulations et des muscles, et, comme les deux figures principales ne se prêtaient qu'imparfaitement à la passion de l'artiste pour le nu, il s'en est dédommagé en introduisant dans le fond du tableau des nudités accessoires dont l'idée semble lui avoir été suggérée par Luca Signorelli, le seul entre les peintres contemporains auquel il daignât faire quelquefois des emprunts.

Évidemment, ce n'est pas une œuvre de sa première jeunesse. On n'y trouve aucune trace de l'influence exercée sur lui par Ghirlandaio, rien de cette grâce de contours ni de cette suavité d'expression qui distinguent les deux médaillons en marbre dont nous avons parlé plus haut.

Ces qualités, pour lesquelles le dédain de Michel-Ange alla toujours croissant, ne sont pas aussi complétement exclues du tableau qui est à Londres, et qu'il serait difficile d'attribuer à une autre main que la sienne. Les anges, bien qu'inachevés, sont d'une beauté qui surpasse tout ce que Michel-Ange a produit en ce genre, et l'enfant Jésus, ainsi que le petit saint Jean sont modelés et drapés avec un goût exquis, sans le moindre pédantisme anatomique. Quant à la Vierge, c'est un de ces types abstraits que l'artiste aimait à opposer aux types traditionnels des écoles; car la tradition, en matière d'art, lui était antipathique, et cette antipathie éclata surtout dans les relations qu'il eut avec les peintres les plus accrédités de l'école Ombrienne [1].

Michel-Ange avait donc raison de dire qu'il n'était pas peintre, et d'insister sur son incompétence à remplir une tâche qui, à raison de son importance et de son étendue, demandait un pinceau plus exercé que le sien. Bénie soit la volonté despotique qui la lui fit

1. Un jour dans un accès d'humeur, il dit à Francesco Francia qu'il était *un goffo*, un lourdaud. Il donna la même qualification au Pérugin qui le cita devant le tribunal des Huit, à Florence, mais sans pouvoir obtenir la réparation qu'il demandait.

entreprendre malgré lui ; car nous lui devons, je n'ose pas dire, ce qu'il y a de plus admirable , mais assurément ce qu'il y a de plus grandiose dans tout le domaine de l'art chrétien.

Sous un rapport, il était plus compétent que personne pour traiter le sujet en question ; car, outre que la Bible était un de ses livres de prédilection, ce n'était pas dans une âme comme la sienne que pouvaient s'effacer ou même s'affaiblir les impressions produites par Savonarole, quand il interprétait à sa manière les prophètes de l'Ancien-Testament. Or, c'étaient précisément ces prophètes , avec le caractère et les écrits desquels il était dès longtemps familiarisé, qui devaient être les figures proéminentes sur la voûte de la chapelle Sixtine, non pas sous le rapport du rôle qu'elles avaient à jouer, mais sous le rapport de l'importance artistique que leur donnait leur isolement même.

De plus, on peut dire qu'entre tous les personnages bibliques, c'étaient ceux qui avaient le plus d'affinités avec le génie de Michel-Ange, et peut-être aussi avec les dispositions habituelles de son âme. Aussi sa main puissante n'a-t-elle pas tracé de vigoureux et impassibles interprètes des décrets de la Providence , mais des hérauts fatigués de leur mandat , qui communiquent à regret , et avec un cœur brisé, leurs visions prophétiques. Isaïe , dont le visage affaissé est empreint d'une résignation voisine du découragement, semble demander à l'ange qui l'inspire, si ce n'est pas encore tout. Jérémie , si éloquent à pleurer les maux qu'il prophétise , est absorbé par sa tristesse patriotique et a l'air de se recueillir pour regarder dans l'avenir comme dans un abîme. Daniel , au contraire , montre , dans sa pose, dans ses traits, dans l'énergie de son regard et de son geste, et jusque dans sa chevelure hérissée comme une crinière , le double caractère qui le distingue , savoir : l'intrépide confesseur de la foi de ses pères, et le prophète privilégié dont la vue a été réjouie par une perspective plus distincte des consolations futures. Il y a, dans cette figure, une verve juvénile et un élan de fierté qui semblent indiquer, de la part de l'artiste , une prédilection subjective, c'est-à-dire qu'il faut en chercher l'explication dans des affinités personnelles.

Les Sybilles n'ayant pas, comme les prophètes, la conscience de leur rôle , par rapport à l'avenir religieux du monde, ne pouvaient pas être caractérisées comme eux. Aussi Michel-Ange a-t-il donné à quelques-unes d'entre elles cette expression vague qu'on remarque souvent dans ses compositions allégoriques ; mais il s'est attaché d'autant plus à varier les traits, les mouvements et les attitudes , et à maintenir l'équilibre entre la force et la grâce, ce qui demandait un effort dont il faut lui savoir gré. Tous ceux qui ont vu la chapelle Sixtine, savent de quel succès cet effort a été couronné dans la production de la Sybille Delphique, qu'on ne saurait trop admirer , mais pour laquelle l'admiration sera toujours mêlée de regrets , à cause du contraste entre cette figure si gracieuse et les figures presque athlétiques par lesquelles il dépara systématiquement ses compositions subséquentes.

On éprouvera la même admiration et les mêmes regrets, quand on aura bien examiné les trois compartiments où Ève est représentée, au moment de sa création, au moment de sa tentation et au moment de son expulsion. C'était un triple problème difficile à résoudre : la mère du genre humain belle et innocente, puis belle et séduisante, puis enfin belle et désolée. Mais, quoique l'artiste ait merveilleusement réussi dans chacune de ces trois solutions, ce n'est ni l'état d'innocence, ni l'état de désolation qui l'a le mieux inspiré ; c'est l'état intermédiaire, celui où la tentatrice use de tous ses moyens de séduction pour faire d'Adam son complice. C'est là que Michel-Ange a déployé tous les charmes de son pinceau, comme s'il avait su, par expérience, combien ceux de la femme sont irrésistibles[1]. Cette figure était aussi celle que préférait Raphaël entre toutes celles que son rival avait tracées sur cette voûte, et c'est la seule dont on puisse affirmer avec certitude qu'il la copia de sa propre main, sans doute afin de s'en inspirer au besoin[2].

Ainsi, dans ces trois compartiments, nous trou-

1. Les sonnets de Michel-Ange et plus encore sa correspondance avec Sebastiano del Piombo, prouvent qu'il n'avait pas toujours été à l'épreuve des tentations de ce genre.

2. Le dessin qu'en fit Raphaël, se trouvait autrefois dans la collection de sir Thomas Lawrence.

vous la beauté naïve qui s'ignore, la beauté qui ne s'ignore plus et qui séduit, et la beauté qui sent sa déchéance et qui pleure. Dans un des quatre angles de la chapelle, on voit ce que j'appelerais la beauté héroïque ou la beauté libératrice qui vient de triompher de la force brutale. C'est Judith, la femme forte et pure; et, bien qu'elle ne soit pas vue de face, ni même de profil, son attitude et son mouvement, pleins de grâce et de noblesse, ne permettent pas à l'imagination de se la figurer autrement que très-belle.

Malgré toute la perfection avec laquelle Michel-Ange a rendu, dans cet ouvrage seulement, la beauté féminine, il est difficile de ne pas croire, quand on lève les yeux vers cette voûte, qu'il se complut encore davantage dans la beauté virile, non-seulement parce que les saillies musculaires, plus prononcées dans l'homme, prêtaient davantage à l'ostentation anatomique, mais aussi parce que la force, jointe à la grâce, avait pour lui plus d'attraits que la grâce sans la force. Voilà ce qui explique, sans la justifier, cette profusion de nudités, purement accessoires, qui ornent, selon les uns, qui déparent, selon les autres, les compositions bibliques auxquelles elles servent d'accompagnement. Si, d'un côté, les convenances locales sont blessées par ce naturalisme presque profane, de l'autre, on est forcé d'avouer qu'au point de vue de l'art proprement dit, il est difficile de rien imaginer de plus parfait. Toutes les attitudes possibles, en tant qu'elles sont compatibles avec la

décence et le bon goût, sont rendues avec une justesse de coup d'œil, avec un sentiment exquis des
belles formes, avec une souplesse et une fermeté de
main, qui n'ont jamais été réunis, au même degré,
dans aucun artiste ; et, bien que la plupart des têtes
soient dépourvues d'expression, dans le sens dramatique du mot, il en est deux ou trois dont le regard, quoique perdu dans le vague, a quelque chose
de plus significatif, et qui sont assez heureusement
caractérisées pour prouver que, si le peintre n'a pas
ajouté ce genre de mérite à tous les autres, c'est
uniquement parce qu'il ne l'a pas voulu.

Si les prophètes nous ont montré la grandeur et
la majesté dans le repos, les représentations bibliques empruntées à la Genèse nous montrent la grandeur et la majesté dans l'action ; action aussi simple
qu'imposante dans le récit de Moïse, mais qui,
malgré cette simplicité, a toujours offert à l'art des
difficultés désespérantes.

Michel-Ange n'a pas su les vaincre toutes ; mais il
a vaincu toutes celles qui n'étaient pas insurmontables de leur nature, et il a résolu le problème de
manière à imposer, plus ou moins, sa solution à
tous les peintres qui ont essayé de le résoudre après
lui, sans excepter Raphaël lui-même.

Il s'agissait de renfermer dans neuf compartiments,
placés au milieu de la voûte, les traits les plus sail-
lants de l'histoire primitive du monde et de l'espèce
humaine, et cette série de compositions avait, pour
l'artiste, d'autant plus d'importance, qu'elles for-

maient comme le point central vers lequel convergeaient toutes les autres.

Dans les six premiers seulement se présentait la
grande difficulté, celle d'exprimer dignement l'intervention directe et *personnelle* du Père éternel dans
l'œuvre de la création. On a eu raison de dire que
le génie de l'homme ne fit jamais rien de si prodigieux avec des lignes et des couleurs. D'abord, on
voit la main Toute-Puissante qui débrouille impérieusement le chaos, et qui, d'un geste non moins impérieux, indique au soleil et à la lune leur place et leurs
fonctions. Ici, comme dans le compartiment suivant
où la séparation se fait entre la terre et les eaux, le
Père éternel plane majestueusement et légèrement
dans l'espace, entouré d'anges dessinés et groupés
avec un art merveilleux. Tout est savamment calculé
pour ajouter à l'effet que doit produire sur tout
spectateur bien préparè la contemplation de cette
figure grandiose. Les draperies sont disposées avec
goût sur des membres accusés avec mesure, et il y
a des raccourcis qui sont comme la traduction énergique d'un verset de la Genèse ; tel est le rac-
courci du bras droit, au moment où le Créateur
tire du néant le soleil et la lune.

Dans les deux compartiments où sont représentées
la création du premier homme et la création de la
première femme, ce n'est plus sur le principal personnage c'est-à-dire sur le Créateur que se portent
l'attention et surtout l'intérêt du spectateur, c'est sur
la créature qui paraît, suivant la diversité des sexes,

toute resplendissante de la beauté qui lui est propre.
Ici se reproduit encore la remarque que nous avons
faite plus haut. Quelque belle que soit la figure
d'Ève, on ne saurait la comparer avec la figure
d'Adam, qui est sans contredit la plus parfaite que
Michel-Ange ait jamais tracée, soit pour les formes
qui sont exquises, soit pour la grâce et la noblesse
du mouvement, soit pour l'harmonie des proportions. C'est, dans l'art moderne, ce que devait être,
dans l'art antique, le fameux *canon* de Polyclète, avec
cette différence, que le sculpteur chrétien cherchant
à retrouver un idéal perdu, exécutait une œuvre qui
se rapportait à un grand dogme religieux, celui de la
déchéance originelle, tandis que l'artiste grec n'avait
d'autre mérite que celui de constater la construction
normale du corps humain, et de faire une application savante, mais prosaïque, de la géométrie à la
sculpture.

Il faut mettre au nombre des bonnes inspirations
de Michel-Ange, celle de n'avoir pas traduit littéra-
lement, avec son pinceau, certains passages du texte
sacré qui ne se prêtaient pas à ce mode de traduction, et il faut lui savoir gré d'avoir su si bien concilier le respect pour la Bible avec le respect pour
son art. S'il avait représenté le Père éternel commu-
niquant, par son souffle, la vie au premier homme,
il aurait infailliblement échoué contre les difficultés
de cette représentation ; tandis qu'en montrant le créateur transmettant, pour ainsi dire, le fluide vital à
sa créature par le simple contact, il a conservé aux

deux acteurs de cette scène solennelle, toute la noblesse d'attitude et de mouvement qu'elle demandait. De même, dans la création d'Ève, au lieu d'imiter les anciens peintres qui la représentaient, d'après la narration Mosaïque, sortant du corps d'Adam, il l'a placée de manière à établir clairement ses rapports d'origine et de subordination tant avec l'auteur médiat qu'avec l'auteur immédiat de son être ; et il est résulté de cette disposition nouvelle que la figure de la femme, étant dégagée de ses entraves traditionnelles, comme dans le bas-relief de Jacopo della Quercia, à Bologne, a gagné prodigieusement en grâce, en expression et en beauté.

Maintenant, si, après avoir examiné cette vaste composition dans ses détails, on veut résumer ses impressions, pour la juger dans son ensemble, on n'aura pas de peine à lui assigner la place qui lui appartient dans l'histoire de l'art. Cette place est la première de toutes, tant au point de vue de la science qu'au point de vue de l'inspiration biblique. Pour s'élever, d'un premier essor, à une pareille hauteur, il fallait, dans l'artiste, des qualités latentes encore plus prodigieuses que celles dont il avait fait preuve jusqu'alors ; il fallait une main intelligente qui vînt briser, à point nommé, l'enveloppe de cette chrysalide qui attendait son jour ; il fallait un génie puissamment méditatif, puissamment intuitif et puissamment plastique, pour suffire à la conception, à la gestation et à la production de toutes ces idées presqu'accablantes par leur grandeur. Je serais même

tenté d'ajouter, au risque d'être accusé de paradoxe,
qu'il fallait professer, comme le faisait Michel-Ange,
le culte de la sculpture et le dédain de la peinture,
pour arriver à modeler si vigoureusement la figure
humaine, et à réaliser à tel point le *beau concret*
dans toutes les parties qui le constituent.

Mais, en dépit de toutes ses professions exclusives,
il fut à la fois grand peintre et grand sculpteur, et il
suffit de voir les décorations architecturales qu'il
peignit à la voûte de la chapelle Sixtine, en guise
d'encadrements à ses peintures, pour se convaincre
qu'il fut aussi grand architecte. Que ne pouvait-on
pas attendre d'une telle accumulation de dons dans
un seul homme, si un patronage intelligent, éclairé
par l'immense succès qu'il venait d'obtenir, avait
fait tomber devant son génie toutes les barrières qui
pouvaient l'empêcher de produire de nouvelles merveilles dans la même direction?

Au lieu de cela, quelle série de déceptions, de tribulations et de déviations vint attrister les années qui
suivirent l'achèvement de cette œuvre[1], alors si universellement admirée! Et ces années, vu l'âge qu'il
avait alors, auraient dû être les plus belles et les plus
fécondes de sa vie! L'avénement de Léon X n'eut pas
des suites moins désastreuses pour lui que pour sa
patrie et pour la Papauté. Pendant toute la durée de
ce Pontificat trop vanté, Michel-Ange ne produisit pas

---

1. Les fresques de la voûte ne furent découvertes au public
qu'en 1513, très-peu de temps avant la mort de Jules II.

un seul ouvrage de sculpture ou de peinture, malgré l'attente de ses admirateurs et l'élan que son dernier succès avait naturellement donné à sa puissante imagination[1]. Les entraves qui l'enchaînaient alors n'étaient pas volontaires. Elles venaient de celui-là même qui se donnait pour le protecteur suprême des arts et des lettres, et qui, en lui imposant son patronage soi-disant héréditaire, y mettait des conditions tellement étranges, qu'on ne sait comment qualifier l'inventeur et l'invention.

Léon X n'employa donc ni le ciseau, ni le pinceau du grand artiste dont Florence était dès lors si fière; mais il lui demanda de faire la façade de l'église de San-Lorenzo, dans laquelle reposaient les cendres de ses ancêtres, et qui venait d'acquérir une nouvelle importance dynastique par sa récente promotion au trône pontifical. La tâche était glorieuse sans doute, mais insuffisante pour un génie aussi actif que celui de Michel-Ange. Une seconde tâche fut donc ajoutée à la première, une tâche subalterne qui demandait à peine une capacité médiocre, et qui donnait plus d'exercice à ses membres qu'à ses facultés intellectuelles. Alors commencèrent ces malheureux voyages de Carrare qui occupent une si grande place dans sa biographie, depuis qu'il eut le malheur de retomber sous le patronage des Médicis. Il fallut régler des comptes, diriger des opérations mécaniques, stimuler

1. Le Christ de la Minerve est de 1521, année de la mort de Léon X.

et payer des ouvriers, surveiller l'extraction des blocs et leur transport jusqu'à leur destination, aller parfois à Rome pour recevoir des instructions et discuter son salaire, puis, après un court séjour à Florence, s'ensevelir souvent, pour six ou huit mois, tantôt à Carrare, tantôt à Pietra Santa, devenues alternativement sa prison périodique. Voilà le genre de vie auquel il fut condamné, avec des intermittences plus ou moins longues, pendant presque tout le règne de Léon X. Ce fut ainsi qu'on trouva moyen de confiner cet aigle, sans prendre souci de la portée de son regard, ni de l'envergure de ses ailes.

Un jour, il crut enfin que le moment était venu de les déployer, et qu'il lui serait permis de prendre un essor proportionné à ses aspirations. C'était le 20 octobre de l'année 1519. Comme membre de l'Académie très-inoffensive qui tenait ses séances périodiques dans le palais Médicis, il avait voté, avec ses collègues, une très-humble adresse au pape Léon X qui était alors tout-puissant, pour le supplier de faire transporter à Florence les restes de Dante, et de réparer ainsi envers sa mémoire l'iniquité dont sa patrie avait été coupable envers lui-même.

Nous avons déjà parlé de l'enthousiasme du grand artiste pour le grand poëte. Cet enthousiasme n'est pas seulement attesté par les biographes [1]; il est encore consigné dans des vers qui ne sont pas moins

---

1. Michel-Ange avait illustré de ses dessins un exemplaire de la *Divine Comédie*. Cet exemplaire fut perdu dans un naufrage.

énergiquement accentués que ses œuvres d'art, et qui respirent une amertume que je ne saurais mieux qualifier qu'en l'appelant une amertume *Dantesque* :

« Cet astre dont les puissants rayons nous ont découvert les secrets éternels, a reçu aussi lui la récompense que ce monde pervers décerne souvent à l'élite de ses héros.

« Ni les œuvres de Dante, ni ses nobles aspirations ne furent appréciées par ce peuple ingrat qui n'est impitoyable que pour les justes.

« Que ne suis-je tel que lui et né pour un tel sort ! Que n'ai-je le choix d'échanger le comble de la félicité terrestre contre son dur exil avec ses vertus !

« La langue humaine ne peut suffire à sa louange. Elle peut plus aisément flétrir le peuple qui le persécuta, que célébrer dignement le moindre de ses mérites.

« Patrie ingrate, et la première à pâtir de cette ingratitude ! Voyez comme, chez elle, les plus parfaits sont ceux qui ont le plus à souffrir !

« Et que cette preuve tienne lieu de mille autres, savoir : que jamais exil ne fut si indignement infligé, comme jamais ici-bas ne parut un plus grand homme que lui ! »

Voilà le résumé des émotions sympathiques que l'artiste nourrissait dans son cœur et qui se remuèrent, avec une nouvelle force, quand il fut question, devant lui, de cette grande réparation nationale. Y souscrire comme académicien ou comme citoyen plus ou moins libre, n'était pas assez pour l'élan de son enthousiasme, ni pour la grandeur de la circonstance. Un éclair de joyeuse espérance dut briller alors devant ses yeux. Quelle perspective enivrante ! Quel emploi pour ses facultés méconnues ! S'il ne pouvait pas être tel que son héros, ni s'approprier son génie, au prix des mêmes souffrances, il pouvait associer son nom au sien, par un monument digne de lui, et jouir d'avance de l'immortalité que promettait une pareille association. Voilà sans doute ce qui lui suggéra l'apostille qu'il mit à la pétition de ses collègues et dont le texte original est précieusement conservé dans les archives de Florence.

« Moi Michel-Ange, sculpteur, j'adresse la même supplique à Votre Sainteté, offrant d'élever au *divin poëte* un monument digne de lui, dans un emplacement honorable de cette cité [1]. »

On sait, par le silence de l'histoire, quel fut le succès de cette démarche patriotique. Les ossements de Dante restèrent à Ravenne, et Michel-Ange reçut, pour toute réponse, au bout de quelques mois, l'ordre de construire la sacristie neuve de San Lorenzo, pour y sculpter les tombeaux de Julien et Laurent de Médicis, l'un frère, l'autre neveu de Léon X, qui était alors le véritable maître de Florence, gouvernée, en son nom, par le cardinal Jules de Médicis, destiné, aussi lui, au trône pontifical, sous le nom tristement célèbre de Clément VII[2].

---

1. Vasari, supplément à la vie de Michel-Ange, p. 357.
2. *Delizie degli eruditi Toscani*, t. 22, p. 161.

Un document contemporain, écrit peu de jours après cette notification, nous laisse entrevoir l'effet qu'elle produisit sur Michel-Ange. Le fait est qu'il tomba malade à Florence, et qu'il le fut assez sérieusement pour que la nouvelle s'en répandît jusqu'à Rome [1]. Il se releva cependant, et nous le trouvons, l'année suivante, peu de temps avant la mort de Léon X, occupé de trois choses importantes : 1° le transport des colonnes de marbre qui devaient décorer la façade de San-Lorenzo ; 2° le dessin des statues qui devaient être placées dans la chapelle neuve ; 3° l'achèvement du Christ de la Minerve, auquel il lui fut impossible de mettre lui-même la dernière main, et qui, pour cette raison peut-être, ne porte pas, d'une manière aussi marquée, l'empreinte ordinaire des œuvres de ce grand maître [2]. Mais on peut dire que c'est un chef-d'œuvre de premier ordre, quand on le compare avec les deux tombeaux qui sont dans le chœur de la même église, et qui furent érigés, l'un à Léon X, l'autre à Clément VII, par des artistes disciples ou imitateurs de Michel-Ange [3]. Il y a dans ces figures si lourdement monumentales, une vulgarité de formes et de caractères, qui montre

1. *Anonimo di Morelli*. Note 128.

2. Le sculpteur qui termina pour Michel-Ange le Christ de la Minerve, s'appelait Federigo Frizzi, florentin, et qui ne paraît pas avoir joui d'un grand renom parmi ses contemporains.

3. Les scupltures de ces deux tombeaux furent exécutées par Raffaello da Montelupo, Nanni di Baccio Bigio et Baccio Bandinelli.

dans quelle voie de décadence la sculpture était désormais lancée par suite de l'influence trop prépondérante de ce génie colossal, sur les traces duquel nul médiocre génie ne pouvait s'aventurer impunément. La même chose devait arriver dans l'autre branche de l'art, après que la peinture du *Jugement dernier*, dans la chapelle Sixtine, eut achevé de tourner toutes les têtes.

Mais vingt années le séparaient encore de ce grand événement de sa vie, que ses contemporains eurent le tort de regarder comme le point culminant de sa gloire. Dans ce long intervalle, si rempli de vicissitudes et d'épreuves, ni son imagination, ni son cœur, ni ses bras ne furent oisifs. Plusieurs de ses compositions poétiques, respirant encore un enthousiasme tout juvénile, remontent indubitablement à cette époque, et ce n'est pas dans le récit de ses deux biographes, mais bien plutôt dans l'oraison funèbre que Varchi prononça sur sa tombe, qu'il faut en chercher l'explication. C'est là qu'on trouve élevée à la hauteur d'une vertu l'unique passion que Michel-Ange n'eût pas vaincue, la passion de l'amour, *mais de l'amour chaste et chevaleresque*, ajoute un peu témérairement l'orateur, qui terminait son éloquente digression par cette question plus téméraire encore; « Quel homme vécut jamais plus saintement que lui [1]? »

1. *Avendo soggiogate tutte le passioni, eccetto quella del casto e cortese amore : la quale vince senza alcuno contrasto d'infinito*

Tout cela était vrai de Michel-Ange dans ses vieux jours, et même longtemps avant ses vieux jours. Jamais on ne vit une âme à la fois plus noble et plus passionnée, ni plus susceptible des impressions les plus diverses. De là ces oscillations souvent inexplicables entre sa fierté naturelle et les nécessités de sa profession vis-à-vis de la dynastie des Médicis, dont la toute-puissance ne se faisait pas moins sentir à Rome qu'à Florence. Blessé par l'indigne traitement qu'il avait subi sous Léon X, il se persuada que rien de pire ne pouvait lui arriver sous son successeur, et, quand il apprit l'élection de Clément VII, il la salua comme un signal de résurrection pour l'art et de délivrance pour lui-même [1].

Quelle résurrection et quelle délivrance ! Au lieu d'extraire des blocs de marbre pour la façade de San-Lorenzo, ce qui se rapportait, au moins indirectement, à la gloire de Dieu, il fallait en extraire pour la construction de cette chapelle sépulcrale qui avait uniquement pour but la glorification de la dynastie dans les personnes de deux de ses membres dont il eût été plus sage d'ensevelir les noms dans l'oubli ; car l'un d'eux, Julien de Médicis, était aussi dépourvu de génie que de caractère ; et Laurent, l'usurpateur

---

spazio tutte le altre, e nella quale tanto arde maggiormente ciascuno, quanto egli è più degno e più perfetto.

1. Michel-Ange écrivait à un ami (25 novembre 1523) : *Avrete inteso come Medici è fatto papa : di che mi pare si sia rallegrato tutto il mondo ; onde io stimo che qua, circa l'arte si farà molte cose ;.....*

du duché d'Urbin, le père de Catherine de Médicis, n'était pas moins signalé par sa férocité que par ses débauches. Telle fut la tâche, assurément bien ingrate au point de vue de l'inspiration, qui occupa très-inégalement les bras et l'esprit de Michel-Ange, sous le pontificat de Clément VII, sur lequel il avait fondé de si magnifiques espérances.

Quant à son cœur, il fut occupé ou plutôt embrâsé, du moins pour un temps, par une passion qui, après avoir sommeillé, depuis vingt ans, au fond de son âme, se réveilla tout à coup avec une telle force, qu'il brava, pour elle, tous les dangers et toutes les disgrâces. On comprend que je veux parler du dernier effort tenté par les Florentins, en 1529, pour briser leurs chaînes, et de la part très-active que prit Michel-Ange à la défense de sa patrie contre les troupes étrangères déchaînées sur elle par Clément VII. Pour qui a eu l'expérience des douleurs patriotiques, la hauteur et le clocher de San-Miniato, où le grand artiste se transforma tout à coup en grand ingénieur militaire, rappelleront toujours un lugubre et glorieux souvenir. Cette lutte héroïque qui, sans la trahison des chefs, aurait pu avoir une autre issue, était comme un dernier réveil de l'enthousiasme excité par Savonarole, et les plus solides entre ces guerriers républicains étaient précisément ces mêmes enfants enrégimentés par lui, trente-trois ans auparavant, pour faire la guerre aux images profanes et au paganisme sous toutes les formes.

L'empire et la papauté, c'est-à-dire les deux plus

grandes puissances qu'il y eût alors dans le monde, s'étaient ligués pour cette œuvre d'asservissement. Une fois ce but atteint, on ne daigna même pas observer la capitulation faite avec les vaincus. Un despotisme, sans pudeur comme sans limites, fut substitué au gouvernement populaire. Un bâtard des Médicis, le duc Alexandre, devint maître absolu de Florence; une bâtarde de Charles-Quint, l'archiduchesse Marguerite, vint s'asseoir toute radieuse à ses côtés, et ce fut sous ces scandaleux auspices que fut inauguré le nouveau régime, non moins fatal aux mœurs qu'à la liberté.

L'action la plus habile et la plus généreuse du pontificat de Clément VII, fut le pardon qu'il s'empressa d'accorder à Michel-Ange, à condition qu'il reprendrait ses travaux, déjà très-avancés, dans la chapelle dynastique de San-Lorenzo. Dure nécessité, s'il en fut jamais pour un artiste, et pour un artiste de cette trempe! C'était une nouvelle manière de se laisser enchaîner au char du triomphateur. C'était une tâche encore plus rude que celle qui lui avait été léguée par Jules II, et qui, par surcroit de misère, continuait d'être pour lui la source des plus amères tribulations. Ainsi, on ne se contentait plus d'emprisonner l'aigle dans les carrières de marbre, on aimait mieux l'apprivoiser, en le caressant, et l'on espérait, en mutilant ses ailes, rendre tout essor futur impossible vers les régions d'où il venait d'être précipité [1].

1. 1530, 11 novembre. *Papa Clemente ordina a Giovan Ba-*

Pour se faire une idée de ses souffrances, il faudrait connaître les rêves dont il dut bercer son imagination, tant que durèrent ses illusions patriotiques. Une fois la domination des Médicis abolie, il n'y avait plus d'obstacle à la réhabilitation des grands hommes dont la patrie était fière, et pourquoi les mêmes mains qui avaient fortifié San-Miniato, ne seraient-elles pas chargées, en guise de récompense nationale, d'ériger à Dante ce monument qui avait fait peur à Léon X ? Pourquoi Florence, libre et régénérée, ne ferait-elle pas les frais d'un monument expiatoire à Savonarole, sur l'emplacement même de son bûcher ? Pourquoi l'art ne participerait-il pas à l'essor qu'allaient prendre les âmes dégagées des influences qui les avaient flétries ? Ces pensées étaient les plus plus grandes qui pussent alors occuper Michel-Ange, d'où l'on peut conclure hardiment qu'il les eut ; car s'il est un attribut qui caractérise plus particulièrement son génie, c'est la grandeur.

Quel contraste entre ce qui était et ce qui aurait pu être ! Quoi qu'il en soit, la tâche de la chapelle fut reprise dès la fin de 1530, et nous savons, par un document contemporain, qu'en septembre 1531, deux des quatre grandes figures accessoires étaient entièrement terminées, et les deux autres très-avancées ; mais ce même document nous apprend quels

tista Figiovanni, provveditore dell' opera e priore di San-Lorenzo, che Michelangiolo sia carezzato e che gli sia data la solita provvisione de 50 scudi al mese;..... Gaye, vol. II, p. 221.

ravages tant de chagrins accumulés avaient faits dans cette constitution naturellement robuste[1]. Son extrême maigreur, jointe à d'autres symptômes plus alarmants, faisait croire à ses amis qu'il avait peu de temps à vivre, surtout quand ils le voyaient si assidu à son travail, qui devenait chaque jour plus disproportionné à ses forces. On eût dit qu'il cherchait ainsi à donner le change à son imagination, non moins malade que son corps. Clément VII, qui tenait à l'achèvement des tombeaux dynastiques, craignit que cette activité fiévreuse ne se portât sur trop d'objets à la fois, et ses craintes l'aveuglèrent tellement sur l'abus qu'il faisait de son autorité pontificale, qu'il dressa un bref tout exprès pour défendre à Michel-Ange, sous peine d'excommunication (*latæ sententiæ*), de se charger de quelque tâche que ce fût, soit comme sculpteur, soit comme peintre, tant qu'il n'aurait pas terminé celle de la chapelle de San-Lorenzo; à quoi il faut ajouter que cette menace d'excommunication se croisait avec des négociations très-actives des héritiers de Jules II auprès du Saint-Siége, pour hâter le dénoûment de ce que Condivi appelle si justement la tragédie du tombeau[2].

1. « *Michelangiolo mi parse molto istenuato, e diminuito dele carne..... facemo un computo che Michelangiolo viverà poco, se non si rimedia : e questo è, che lavora assai, mangia poco e cattivo, e dorme manco, e da un mese in qua è forte impedito di scesa e di dolore di testa e capogiri. Lettera di Giovan Batista Mini.* Gaye, vol. II, p. 229.

2. Ce singulier bref de Clément VII, se trouve dans le volume VI des *Lettere pittoriche*, n° 15.

En interdisant à Michel-Ange tout autre travail , Clément VII s'était réservé à lui-même le droit de violer l'interdit , et il en usa , vers la fin de 1533 , pour ajouter un nouveau fardeau à ceux qui pesaient déjà sur la tête ou plutôt sur la conscience du malheureux artiste. Alors , pour la première fois, le Pape eut l'idée de lui faire peindre, dans la chapelle Sixtine, deux grandes compositions qui serviraient de complément aux fresques de la voûte ; l'une devait représenter la chute de Lucifer, l'autre la scène finale du grand drame de l'histoire humaine, c'est-à-dire le jugement dernier. En vain Michel-Ange allégua-t-il encore une fois ses engagements, plus sacrés que jamais, avec le duc d'Urbin, qui voulait bien se contenter maintenant de six statues sculptées de sa propre main. Clément VII s'impatienta de ses scrupules , et voulut que les cartons fussent commencés sur le champ ; de sorte que , pour calmer à la fois son patron et ses remords , l'artiste fut obligé de travailler clandestinement à sa statue de Moïse , qui n'était pas encore terminée.

Heureusement pour lui , plus heureusement encore pour l'Église catholique qu'il avait compromise de tant de manières , Clément VII mourut le 25 septembre 1534. Michel-Ange atteignait alors sa soixantième année, et l'on peut dire qu'il avait à peine joui de sa gloire , tant il avait été abreuvé d'angoisses de tous les genres. Aussi , son premier mouvement, quand il sut sa délivrance inopinée, fut-il de se choisir un asile bien solitaire dans les environs de Carrare ou dans les montagnes du duché d'Urbin. C'est à cette époque qu'il faut faire remonter sa passion pour la solitude, passion qui ne fit que se fortifier en lui avec l'âge, et à laquelle nous devons les plus belles effusions de son génie poétique[1].

Mais le nouveau pontife, Paul III, son admirateur enthousiaste depuis trente ans, débuta si habilement et si généreusement dans ses relations avec lui, que l'ombrageux Républicain fut obligé de se rendre. La présence du Pape dans son atelier, avec un cortége de dix cardinaux, fut un événement qui ne fit pas moins de sensation à Florence qu'à Rome. C'étaient tous les jours de nouvelles caresses et de nouvelles marques de considération qui offraient un contraste bien consolant avec les dédains et les duretés de Léon X. Les négociations avec le duc d'Urbin furent reprises, et l'on décida que la statue de Moïse, vu son incomparable beauté, suffisait, à elle seule, pour immortaliser la mémoire du pape Jules. En conséquence, Michel-Ange se remit aux cartons du *Jugement dernier*, avec une ardeur toute juvénile, malgré ses soixante ans. C'était comme une ère nouvelle qui commençait pour lui ; ère de bonheur et d'indépendance relative, ère d'enthousiasme encore naïf, avec une légère teinte de mélancolie qui ne seyait pas moins à son caractère qu'à son âge ; ère de régénération morale qui, à dater de cette époque,

1. *Che rispondéremo a coloro i quali l'accusano si aspramente ch'egli fuggiva gli uomini, andandosene per luoghi ermi e solitarj?* Varchi.

ne connut plus d'intermittences, et rendit son regard de plus en plus serein, son pas de plus en plus ferme, à mesure qu'il s'avança vers le terme de sa longue carrière. Il n'en faudrait pas davantage pour nous faire bénir la mémoire des quatre ou cinq pontifes qui se succédèrent dans cette espèce de pieuse tutelle de l'auguste vieillard que Dieu avait comme remis entre leurs mains.

La plus joyeuse conséquence de la révolution survenue dans son sort, fut son émancipation définitive du patronage des Médicis, et les tombeaux dynastiques de San-Lorenzo allèrent augmenter le nombre des ouvrages inachevés qu'il avait laissés dans sa patrie. Cet abandon lui coûta-t-il quelques regrets? C'est ce qu'il est difficile de supposer, quand on pense à tout ce qu'il dut souffrir, non seulement comme artiste, mais comme citoyen et comme membre de la famille humaine, pendant son séjour à Florence. Depuis la victoire des Médicis, et l'installation du duc Alexandre, comme souverain, on y vivait sous un régime de terreur et d'avilissement qui corrompait, ou engourdissait, ou pétrifiait toutes les âmes: dans cette année-là même (1534), un favori émérite de la dynastie, le fameux poëte Berni, créé chanoine de San-Lorenzo, en récompense de ses poésies très-peu canoniques, mourait empoisonné par ordre du duc, pour lui avoir refusé un service du même genre contre le cardinal Hippolyte. Comment respirer à l'aise dans une pareille atmosphère? Où trouver la verve, ou même la patience nécessaire pour achever un monument destiné à immortaliser une pareille famille ? A quoi il faut joindre l'amertume de ses souvenirs personnels, entre cette église dont la façade avait été pour lui un cauchemar de sept ans, et ce palais où Pierre de Médicis l'avait traité en laquais, où son carton de la guerre de Pise avait été mis en pièces, où tant de complots avaient été ourdis contre la liberté qui lui était aussi chère que la gloire, et où il s'en ourdissait maintenant bien d'autres, non-seulement contre la liberté, mais contre la vie, l'honneur et la pudeur des citoyens.

On peut donc croire que ce fut sans regrets, comme sans remords, qu'il laissa l'ouvrage de la chapelle dynastique dans l'état où nous la voyons aujourd'hui. Malgré tout ce que nous venons de dire des conditions défavorables dans lesquelles cette tâche si ingrate fut accomplie, il est impossible de ne pas admirer, non-seulement l'ensemble de la conception, mais aussi le travail vraiment merveilleux des moindres détails. Michel-Ange avait ici l'immense avantage de pouvoir construire la chapelle pour les statues, et combiner d'avance les effets de lumière de manière à faire ressortir le genre de beauté dont chacune d'elles était susceptible. C'est à ce point de vue qu'il faut juger certains ornements d'architecture, moitié classiques, moitié étrusques, dont l'effet, prévu et calculé avec justesse, était de faire paraître plus grandes les figures placées dans les niches. Cette chapelle quadrangulaire,

surmontée d'une coupole, rappelle, à bien des
égards, certaines créations de Brunelleschi, le premier qui eût fait de la sacristie un accessoire important dans la construction des édifices religieux.
Mais, malgré son respect, hautement professé, pour
le génie de son devancier[1], Michel-Ange ne pouvait s'astreindre à le copier servilement, et, bien
que les différences soient presque toutes à son
désavantage, il y a des innovations qui constituent
un véritable progrès sur l'architecture du quinzième
siècle.

Quant aux statues, son principale mérite est de les
avoir faites sans caractère déterminé, tout en faisant deux chefs-d'œuvre de sculpture; et il faut
savoir gré à Clément VII de n'avoir pas exigé davantage. Un sculpteur moderne, placé dans des circonstances analogues ou même très-inférieures, n'en
aurait pas été quitte à si bon marché. Il aurait fallu
donner aux deux héros, moissonnés par la Parque
avant le temps, une attitude et une expression qui
pussent aider la postérité à mesurer la double perte
essuyée par la famille et par la patrie. Il aurait fallu
y joindre des génies éplorés, avec tout cet attirail de
fades allégories dont les peuples les plus spirituels
semblent pouvoir se passer encore moins que les
autres. Au lieu de cela, Michel-Ange a représenté ses
deux personnages dans la pose la plus simple; ils

---

1. Comme on lui demandait s'il ne ferait pas une lanterne
différente de celle de Brunelleschi, il répondit : *On peut bien
faire autrement, mais faire mieux est impossible.*

sont assis en face l'un de l'autre, chacun dans sa niche, mais de manière que personne ne soit tenté de les prendre pour des saints ; et, si Laurent, le duc d'Urbin, avec son visage ombragé par son casque et par sa main, a l'air de méditer, il suffit d'observer de près son regard, pour s'assurer qu'il ne médite pas les vérités éternelles. Celui de Julien de Médicis a quelque chose de faux, et on ne sait pas sur quoi il le dirige. Sa tête n'a rien de gracieux, ni dans le mouvement, ni dans l'expression, de sorte qu'on est réduit à admirer ses genoux, ses mains et son bâton de commandement, qui sont, à la vérité, d'un travail exquis[1]. Quant aux figures allégoriques couchées, si peu naturellement, sur le plan incliné de chaque sarcophage, il faut les considérer, moins comme des parties intégrantes du monument, que comme un supplément arbitraire à son insignifiance intrinsèque. Surtout il faut répudier énergiquement les explications qu'en donne Vasari, qui aimait à s'appuyer sur de grands noms, pour excuser ses propres faiblesses, et qui quelquefois devient bouffon, à force de vouloir être courtisan. Ce n'est point la douleur causée par la perte de deux héros incomparables, qui est exprimée, comme il le prétend, dans l'attitude de *l'Aurore* ni surtout de *la Nuit*, attendu que les grandes douleurs, comme celle que suppose ici Vasari, ont plutôt pour effet de donner des insomnies que de

---

1. Vasari trouve que ce qu'il y a de plus admirable, ce sont la chaussure et la cuirasse : *chi risguarda la bellezza de' calzari e della corazza, celeste lo crede e non mortale.*

faire dormir. C'est à un autre point de vue, au point de vue de l'art pur, qu'il faut les admirer toutes. La statue de la Nuit est la plus parfaite figure de femme qui ait été sculptée par le ciseau de Michel-Ange, et il serait difficile de trouver rien de plus original quant à la conception, de plus achevé quant à l'exécution, parmi tous les produits de la statuaire antique ou moderne. *L'Aurore* est une beauté grandiose et sévère, dont les lignes pures et gracieuses ne plaisent pas moins à l'œil, que son expression tant soit peu mélancolique ne plaît à l'imagination. *Le Crépuscule,* qui lui sert de pendant, lui sert aussi de contraste par son air d'imposante majesté, et l'on peut observer les mêmes rapports, sur le sarcophage de Julien, entre la figure majestueuse du *Jour*, qui semble secouer son sommeil, et celle de *la Nuit* qui, comme nous l'avons déjà dit, est la plus belle de toutes.

Ce qu'il y a de plus inachevé dans cette fameuse chapelle, c'est le groupe de la Vierge avec l'enfant Jésus, destiné à être placé sur l'autel et à être vu par derrière aussi bien que de face. C'est toujours, avec quelques variantes, ce même type de prédilection que nous avons signalé dans les ouvrages de la jeunesse de Michel-Ange, et auquel il ne cessa d'être fidèle que dans les peintures de son extrême vieillesse. Si l'attitude est un peu contournée, il ne faut pas attribuer ce défaut, non plus que l'excès d'agitation dans l'enfant, au seul besoin de faire autrement que ses devanciers, attendu que l'artiste avait à lutter contre un genre de difficulté qu'il avait déjà rencontré, mais à un moindre degré, en sculptant le David. Daus l'un et l'autre cas, ce fut la faute du marbre et non pas la sienne, si son idée ne reçut pas sa manifestation complète.

En résumant l'impression que fait éprouver cette œuvre vraiment extraordinaire, on est obligé d'avouer que certains détails d'architecture ne sont pas exempts de mauvais goût ; mais, pour ce qui concerne les créations plastiques, la critique, tout en voyant qu'il y aurait lieu à intervenir, abdique respectueusement ses droits en présence de ces figures mystérieuses et titaniques qui saisissent fortement le spectateur et qui le saisiraient plus fortement encore, s'il pouvait ignorer à quelle triste espèce de héros ce monument a été élevé.

Il ne faut pas oublier que la plus belle des quatre figures couchées, celle de *la Nuit,* a encore un autre titre, sinon à notre admiration, du moins à notre reconnaissance, pour avoir inspiré à Michel-Ange un quatrain qui n'a pas son égal dans la littérature italienne, ni peut-être dans aucune autre, et qui n'aurait pu être composé ou plutôt sculpté que par lui ou par Dante, vu qu'il fallait, pour faire jaillir une pareille étincelle, un génie comme le leur, joint à de grandes souffrances patriotiques.

Jean-Baptiste Strozzi avait exprimé sa froide admiration pour cette statue dans quatre vers assez médiocres où il avait trouvé moyen de mettre des jeux de mots qui furent très-goûtés. Après avoir dit

que la statue, *sculptée par un ange*, était vivante,
parce qu'elle dormait, il ajoutait :

Réveille-la, si tu ne me crois, et elle te parlera.
Destala, se no'l credi, e parleratti.

La réponse fut une vengeance républicaine, la plus
noble, la plus légitime, la plus concise, la plus acérée
qui fut jamais. En la lisant, on se figure Michel-Ange,
non pas maniant une plume, mais levant un marteau
pour pulvériser une idole, ou préparant un fer rouge
pour stigmatiser un front. C'était au plus fort des
orgies du duc Alexandre, et Michel-Ange venait de
le braver, en refusant de lui fournir un dessin pour
la construction d'une forteresse.

La statue endormie répondait à Strozzi : « Il m'est
doux de dormir, plus doux encore d'être de pierre ;
l'un m'épargne la vue de nos malheurs, et l'autre, le
dur sentiment de notre honte. Parle donc tout bas
et ne me réveille pas. »

Grato m'è il sonno e più l'esser di sasso,
Mentre che il danno e la vergogna dura,
Non veder, non sentir, m'è gran ventura ;
Però non mi destar, deh, parla basso.

Le buste inachevé de Brutus, qu'on voit dans la
galerie des Uffizi, à Florence, est trop en harmonie
avec le sentiment qui a inspiré ces quatre vers, pour
qu'on ne soit pas en droit de regarder l'une et l'autre
de ces œuvres comme le produit d'une seule et même
pensée, restée, dans le marbre, à l'état d'ébauche,
mais d'ébauche menaçante. La rudesse de cette

physionomie presque sauvage semblerait donner quelque vraisemblance à la supposition de ceux qui voudraient voir dans cette tête informe, mais énergique, une commémoration indirecte du meurtre commis sur la personne du duc Alexandre par son cousin Lorenzino de Médicis, autre débauché vulgaire, qui ne valait pas beaucoup mieux que sa victime.

Il nous reste à signaler une dernière statue qui se rattache à l'histoire des douleurs patriotiques de Michel-Ange , c'est l'Apollon, également inachevé, qui se trouve dans la galerie des Uffizi, et qu'il sculpta, par reconnaissance, pour Baccio Valori, commissaire du Pape au siège de Florence, en 1529, et chargé, en cette qualité, de l'arrestation des suspects, après la capitulation. La connivence de ce mystérieux personnage, jointe aux dispositions conciliantes manifestées par Clément VII, épargna au parti vainqueur et à la famille des Médicis, un crime que ses courtisans seuls lui auraient pardonné, et l'artiste républicain aima mieux en savoir gré à l'un des instruments subalternes de la tyrannie qu'aux tyrans eux-mêmes[1].

Maintenant, qu'on se le représente quittant Florence en secouant la poussière de ses pieds, et arrivant à Rome, le cœur plein d'espérance et la tête pleine de projets à l'exécution desquels il ne voyait

---

1. Vasari dit positivement que, si on avait trouvé Michel-Ange, on l'aurait traité comme tant d'autres.

aucun obstacle. Le projet dominant était toujours le *Jugement dernier* de la chapelle Sixtine, et il s'y mit avec une ardeur qui semblait présager un succès plus éclatant encore que celui des fresques de la voûte, peintes trente-deux ans auparavant. Le présage fut en effet vérifié. Jamais œuvre d'art, à son apparition, n'excita un pareil enthousiasme, et n'exerça une si grande, hélas! pourquoi faut-il ajouter, une si déplorable influence?

L'artiste y avait travaillé pendant huit années consécutives (1533-1544), avec la ferme conviction qu'il allait se surpasser lui-même [1], ce qu'il fit effectivement, seulement il le fit beaucoup trop, et il dépassa ainsi le but qu'il s'était proposé d'atteindre. Mais ses contemporains ne s'en aperçurent pas, tant ils étaient fascinés par la direction nouvelle dans laquelle ce fougueux génie venait de lancer la sculpture et la peinture. Vasari, qu'on peut prendre pour interprète de l'opinion publique autant que de la sienne propre, dit que *Dieu a voulu envoyer aux hommes ce chef-d'œuvre ici-bas, pour leur donner une idée de ce qui arrive, quand les intelligences descendent des hautes régions sur la terre, avec l'infusion de la grâce et la divinité du savoir.* Il félicite Paul III de son immense bonheur, dans le présent et dans l'avenir, à cause de la part qu'il aura, comme patron de cet artiste immortel, aux éloges qui lui se-

---

1. Cette conviction de Michel-Ange est prouvée par une lettre curieuse que lui écrivait l'Arétin en 1537, et qui se trouve insérée dans le volume III des *Lettere pittoriche*, n° 22.

ront décernés maintenant et dans les siècles des siècles. Il félicite ses contemporains d'avoir attendu
cette époque pour naître, époque mémorable qui a
vu réaliser des choses que jusqu'alors on n'avait pas
crues possibles, et il ne peut s'empêcher d'avoir des
vertiges, en pensant à ce que deviendront toutes les
autres peintures, comparées avec celle-ci [1] ! En un
mot, aux yeux de Vasari et de Condivi, ses biographes, comme aux yeux de Varchi, son panégyriste,
Michel-Ange était un véritable prophète à qui Dieu
avait départi tous les dons, afin qu'on vît bien qu'il
appartenait au ciel bien plus qu'à la terre [2].

Toutes ces louanges étaient extravagantes sans
doute, mais elles étaient sincères. La sensation produite par l'apparition du *Jugement dernier*, fut immense et s'étendit bientôt de Rome à toute l'Italie.
Tout le monde se récriait sur le caractère terrible (*la
terribilità*) de cette compostion gigantesque, et il
faut avouer qu'en l'envisageant à ce point de vue,
elle mérite l'admiration ou plutôt la stupéfaction
qu'elle excita. Aucun sujet ne convenait mieux au
génie naturellement sombre et grandiose de Michel-
Ange, et il n'avait pas besoin de creuser bien avant,
pour y trouver des inspirations toutes prêtes ; mais
il avait, à sa disposition, deux autres sources où il
savait puiser mieux que personne, l'Écriture Sainte

---

1. *I sensi si stordiscono solo a pensare che cosa possono essere le
altre pitture fatte e che si faranno, poste a tal paragone.*

2. *Michel Agnolo essere stato prodotto in cielo e mandato in
terra da Dio non per uomo semplicemente ma per altero mostro.*

et la Divine Comédie, et, cette fois-ci, ce fut par la lecture de l'Enfer de Dante et de l'Apocalypse qu'il voulut se préparer à l'accomplissement de sa tâche ou plutôt de sa mission. La partie inférieure du tableau, celle que l'on pourrait appeler la partie *fantasmagorique*, est composée, plus ou moins librement, sur les données du poëte Florentin, mêlées à des légendes mythologiques. La partie supérieure, qu'on pourrait appeler la partie *transfigurative*, est empruntée à l'Évangile et aux visions de l'apôtre saint Jean, et cette espèce de parallélisme, qui n'a rien d'artificiel, offrirait un point de départ très-simple pour l'analyse et l'appréciation de cette œuvre colossale. Mais cette analyse serait fatigante par la répétition inévitable des mêmes images et des mêmes expressions : il faudrait toujours signaler la vigueur du modelé, l'intensité de la vie, l'ampleur et le relief des formes ; mais il faudrait toujours observer que ces diverses qualités ne se retrouvent au même degré dans aucune autre peinture, et que l'illusion de l'artiste et de son siècle consistait précisément dans l'importance presque exclusive qu'ils y attachaient. Cette illusion une fois admise, on ne s'étonnera plus du parti qu'a tiré Michel-Ange de la bonne fortune qui s'offrait à lui. Le *Jugement dernier* était le seul thème qui pût lui offrir un champ assez vaste pour y déployer toutes les variétés de mouvements, d'attitudes, de raccourcis, dont la figure humaine, sans voile et sans entrave, était susceptible. C'était aussi le seul thème qui se prêtât, sans trop d'invraisemblance, à cette accumulation de corps nus, superposés les uns aux autres, au mépris de la loi de pesanteur, qui n'existe plus pour eux. Enfin c'était le seul thème qui mît à sa disposition, outre les êtres vivants, déjà revêtus de tous leurs membres, d'autres êtres de la même espèce, moitié hommes et moitié cadavres, que la trompette a eu plus de peine à réveiller, et sur lesquels la mort et la pourriture du tombeau gardent encore quelque prise. Ces figures effarées et livides, qui semblent n'avoir pas encore la conscience de leur résurrection, ajoutent beaucoup à l'impression que produit la partie fantasmagorique du tableau, impression qui est prodigieusement renforcée par les deux ou trois épisodes où la lutte engagée par les démons, pour avoir les âmes qui leur appartiennent, est rendue d'une manière si saisissante. C'est là que se trouve cette représentation si affreuse du désespoir, dans la personne d'un damné sur qui les paroles de malédiction, lancées par le Juge, semblent tomber à plomb, et qui se sent irrésistiblement précipité vers l'abîme.

La partie supérieure, où les corps des élus sont supposés être à l'état de transfiguration, est beaucoup plus difficile à défendre contre les critiques, justement sévères, dont elle a été l'objet. Ici, il y avait lieu à une sage conciliation entre les représentations traditionnelles, et le degré de liberté auquel un artiste, comme Michel-Ange, avait droit. Mais, comme il opérait sur un tout autre principe et avec un tout autre but, un compromis était impossible. Il a donc traité son sujet, en vrai conquérant qui serait entré par la brèche, sans se lier les mains par aucune capitulation, et il y a introduit des innovations telles, qu'il fallait un génie, comme le sien, et des préjugés comme ceux de son siècle, pour se les faire pardonner. Le fait est que le culte du nu, dont il était à la fois l'apôtre et le grand-prêtre, commençait à dégénérer en superstition, et touchait au moment d'entrer, sous ses auspices, ou du moins, par l'autorité de son nom, dans une phase nouvelle, celle des monstruosités.

Les nudités choquantes du *Jugement dernier* ne firent donc murmurer personne, excepté ce pauvre maîtres de cérémonies, Biagio da Cesena, qui disait que tout cela était bon tout au plus pour des salles de bain ou pour des auberges, et qui, en expiation de ce propos, fut placé dans l'enfer, sous les étreintes d'un gros serpent. On se moqua de lui, comme d'un esprit arriéré, et l'artiste ne se donna pas moins de licence dans le traitement des élus que dans celui des damnés. A voir les énormes muscles dont il a doué les apôtres les plus voisins du Sauveur, ceux qui sont le plus *attirés* vers lui, on serait tenté de dire qu'il a fait une application anticipée de la fameuse loi de Newton, et qu'il a cru que l'attraction céleste était, comme l'attraction terrestre, en raison directe des masses. Avec le faux principe qu'il avait adopté, toutes ces erreurs étaient inévitables. Du moment où l'ampleur des formes était la mesure de la grandeur morale de ses personnages, les dimensions athlétiques devenaient, de toute nécessité, l'attribut distinctif dans la hiérarchie des élus, et remplaçaient toutes ces nuances si bien graduées de béatitude et d'extase que les peintres mystiques du quinzième siècle avaient si admirablement exprimées. Une autre conséquence non moins nécessaire de ce malheureux système, était l'exagération de la force, en tant qu'elle est manifestée par les mouvements du corps; et l'on aura beau admirer, sous ce rapport, les groupes d'anges qui tiennent les instruments de la passion, et les groupes d'élus qui se dégagent énergiquement des entraves de la mort; jamais les qualités purement dynamiques de cette œuvre colossale ne suppléeront à ce qui lui manque du côté de l'inspiration religieuse proprement dite. Jamais le spectateur qui a vu les tableaux où Fra Angelico da Fiesole a traité le même sujet, ne pourra se réconcilier, ni avec la figure du Christ, si difficile à caractériser, ni avec les saints personnages qui l'entourent et auxquels l'artiste a cru devoir donner, à défaut d'auréole, des proportions énormes, non pas en vue de la perspective, mais en vue de leur glorification. C'était une apothéose d'un nouveau genre, qui ne ressemblait pas à l'apothéose païenne, mais qu'on aurait bien pu appeler une apothéose *charnelle*.

Quand ce travail de huit années fut enfin découvert, le jour de Noël 1541, l'admiration fut universelle et plus que partagée par Paul III, qui ne tarda pas à fournir à Michel-Ange une nouvelle occasion de montrer la vigueur et la hardiesse de son pin-

ceau. Dans la chapelle Pauline, récemment construite à côté de la chapelle Sixtine, il lui fit peindre
deux nouvelles fresques, représentant l'une le *Cru-
cifiement de saint Pierre*, l'autre la *Conversion de
saint Paul sur le chemin de Damas*. Après tous les
dégâts que ces deux peintures ont subies, dégât d'incendie, dégât de fumigation, dégât de restauration,
il serait difficile de se faire une juste idée de leur
valeur primitive; mais on peut assez bien juger l'ensemble de la composition, et même certains détails,
pour pouvoir constater le funeste effet produit par
les applaudissements qu'avait obtenus la fresque du
Jugement dernier. Du côté du public, c'était un parti
pris de tout pardonner en faveur du développement
musculaire; du côté de l'artiste c'était un parti pris
de satisfaire, même aux dépens de la vérité anatomique, le goût dominant, et il poussa plus d'une
fois la complaisance ou l'ironie, non-seulement
jusqu'à déplacer, mais même jusqu'à inventer des
muscles[1].

Michel-Ange termina les peintures de la chapelle
Pauline en 1549, quand il avait atteint sa soixante-
quinzième année. Il était alors à l'apogée de sa gloire,
après avoir attendu longtemps. La statue de Moïse,
après vingt-cinq ans de tribulations, venait enfin
d'être mise en place, et les juifs, hommes et femmes,
accouraient, pour la voir, comme des bandes d'é-

1. Voir la gravure de Strixner, fac-simile d'un dessin à la
plume, où Michel-Ange a esquissé un groupe du *Jugement dernier*.

tourneaux, dit Vasari. Sur le bruit qu'avait fait en Italie et par delà les Alpes la grande peinture de la chapelle Sixtine, Côme de Médicis avait pressé l'artiste de revenir à Florence, s'engageant à le nommer membre du sénat des quarante-huit[1], et François Ier lui avait adressé la lettre la plus flatteuse (8 fév. 1546) pour lui demander, par l'entremise du Primatice, quelque ouvrage de sa main, et la permission de faire mouler le groupe de l'église de saint Pierre et le Christ de la Minerve. Mais toutes ces récompenses n'étaient rien en comparaison de celle qui lui fut décernée, l'année suivante, malgré lui, par le pape Paul III, patron aussi intelligent que résolu, qui le nomma non-seulement architecte de saint Pierre[2], mais arbitre suprême de tous les travaux qui se rapportaient à l'achèvement de cet édifice sur lequel tout le monde chrétien avait alors les yeux fixés. Le moment ne pouvait être mieux choisi pour offrir un nouvel aliment à cet infatigable génie, dans lequel il ne faut pas confondre la déviation avec l'épuisement. Loin d'être épuisé par l'énorme tâche qu'il venait d'accomplir et par les moindres tâches que lui attira le succès de celle-là, on lui vit déployer un surcroît d'énergie qui déconcerta ses détracteurs ; seulement il la déploya dans une direction nouvelle, et peu à peu le pinceau fut abandonné pour la plume et pour le compas, qui devinrent pour lui les instruments de

1. Gaye, vol. II, p. 352.
2. Dès 1535, Paul III l'avait nommé architecte, sculpteur et peintre du palais apostolique.

nouvelles conquêtes. Cet abandon fut plutôt l'effet des
circonstances que de sa lassitude propre ou du désen-
chantement d'autrui. On continuait à lui demander,
non pas des peintures à fresque qui étaient désormais
au-dessus de ses forces physiques, ni des tableaux à
l'huile pour lesquels il professait une invincible répugnance, mais de simples dessins, multipliés à
l'infini par ses disciples, et dont plusieurs furent mis
en couleur par le Vénitien Marcello Venusti, auteur
d'une copie du *Jugement dernier*, qu'on voit au
Musée de Naples. A cette période de décadence appartiennent son petit tableau de l'*Annonciation*, la
Prière au Jardin, le *Christ et la Samaritaine*, la
Vierge avec l'enfant Jésus endormi sur ses genoux,
toutes compositions connues par les reproductions
qui en ont été faites, et portant toutes à peu près la
même empreinte. Non-seulement l'artiste y a donné
aux muscles un développement exagéré, mais il
semble qu'il ait voulu grossir de plus en plus les os
qu'ils recouvrent, de sorte que les figures sont lourdes
dans leurs mouvements et massives dans leurs proportions. La Vierge elle-même n'a plus ce type gracieux qu'il lui avait conservé jusqu'alors à travers
toutes les vicissitudes de son talent, et qui se retrouve,
non-seulement dans les sculptures de sa jeunesse et
de son âge mûr, mais jusque dans la fresque du *Juge-*
ment dernier, où elle s'efface, en sa qualité de *Mère*
de miséricorde, parce qu'au jour suprême, il n'y aura
de place que pour la justice.

Ainsi Michel-Ange conserva jusqu'au bout de sa

longue carrière cette prédilection fatale pour le *ma-
térialisme* musculaire, étudiant l'anatomie avec une
telle passion, que sa constitution, toute robuste
qu'elle était, finit par en être affectée[1]. Puis, quand
il fut contraint d'y renoncer, il médita, en guise de
consolation, un ouvrage didactique sur cet intéressant sujet! Et cependant, on peut dire que nul ne
poursuivit l'*idéal* avec plus de persévérance et par
plus de chemins que lui; nul ne fut plus essentiellement idéaliste. Les premières perspectives, dans cette
direction, lui avaient été ouvertes par les prédications de Savonarole, et l'on sait que, de toutes les
impressions de sa jeunesse, celle-là fut la plus du-
rable. C'était là qu'il avait puisé ces notions hardies
et sévères qui devaient faire de lui un adversaire si
incommode de tous les genres d'usurpation et de
tous les genres de décadence. Dès lors son idéal politique avait été la *République*, non pas la république
mercantile et industrielle exploitée par une dynastie
de banquiers ambitieux, mais la République vraiment libre, avec les garanties religieuses et morales
que veut la vraie liberté. Ce qui prouve combien il
était épris de cet *idéal*, ce ne sont pas seulement les
sacrifices qu'il fit, ni les dangers personnels qu'il
courut pour le réaliser, ce sont surtout les habitudes
austères de presque toute sa vie, sa fierté presque sauvage, mêlée souvent à une simplicité d'enfant, sa faim

---

1. *Il tagliar dei corpi gli aveva stemperato lo stomaco, che non
poteva ne man iar, ne **bere**, che pro gli facesse.* Condivi.

et sa soif de la justice, son aversion pour toute espèce de luxe, excepté pour le luxe de la générosité[1],
sa frugalité excessive qui ne se démentit pas même dans
ses vieux jours[2], en un mot, tout ce qui tend à établir
l'empire de l'âme sur le corps, et l'empire du caractère sur les besoins artificiels de la concupiscence.

On voit que cet idéal politique touchait de près à
l'idéal ascétique, tel que le préchait Savonarole, et,
là-dessus, il se ressentit toujours de la profonde impression que produisirent sur lui les paroles acerbes
du réformateur Dominicain. Cette forme de l'idéal,
la plus sacrée de toutes, à cause de son objet trans-
cendental, lui était théoriquement chère. De là, son
antipathie insurmontable pour les moines dégénérés,
qui la perdaient de vue et qu'il rendait responsables
de tout le mal qui s'était fait dans le monde[3].

Mais ces deux formes de l'idéal, tout en restant
gravées dans son souvenir, ne l'occupèrent que pas-
sagèrement, tandis que les deux autres dont il nous
reste à parler, ne laissèrent que rarement son âme et
son imagination en repos. La lecture de Dante et de
Pétrarque, jointe aux élans de sa nature ardente et
poétique, l'avait familiarisé, jeune encore, avec un

1. Il dotait tous les ans un certain nombre de jeunes filles
pauvres et il donnait à son serviteur Urbino, jusqu'à 2000 écus
d'or à la fois, sans parler de sa munificence envers son neveu
Lionardo.

2. Il disait un jour à Condivi : *per ricco ch'io mi sia stato,
son visuto sempre da povero.*

3. Il disait un jour à Vasari : *I frati hanno guastato il mondo.*

genre d'exaltation dont l'expression la plus parfaite et la plus délicatement nuancée se trouve, mais sur des tons très-différents, dans chacun de ces deux poëtes. La Béatrix du premier et la Laure du second avaient fait vibrer dans le cœur du jeune artiste la même corde qui avait si fortement vibré dans les leurs et ces vibrations, renforcées par son initiation précoce à la philosophie platonicienne, l'avaient lancé, presque sans boussole, à la recherche d'un idéal qui se fit bien longtemps attendre, et dont la découverte tardive semble, d'après son propre aveu, avoir été précédée par plus d'une chute; mais on peut dire de lui ce qui a été dit du philosophe Vico, que, quand il tomba, ce fut toujours en regardant en haut.

Cette direction de son regard nous est attestée par ses biographes et, encore mieux, par ses propres écrits. Condivi dit l'avoir entendu bien souvent discourir sur l'amour, et il ajoute, du ton modeste d'un homme qui n'a pas la prétention d'être initié à ces mystères, qu'il a ouï dire à ceux qui étaient présents à ces entretiens, que les idées de Michel-Ange ressemblaient beaucoup à celles de Platon. Sans nier ni confirmer cette ressemblance, qui n'était pas de sa compétence, l'honnête Condivi, qui avait vécu longtemps dans l'intimité de son héros, s'élève énergiquement contre les calomniateurs qui cherchaient d'avance à flétrir sa mémoire, et lui rend le plus positif de tous les témoignages en déclarant qu'il n'a jamais entendu sortir de sa bouche, dans ces occasions, comme dans toutes les autres, que des paroles,

non-seulement irréprochables, mais capables d'é-
teindre toute passion désordonnée dans le cœur de
la jeunesse [1].

Le témoignage qu'il se rend indirectement à lui-
même, dans ses compositions poétiques, est encore
plus concluant, et surtout plus éloquent. Il est impossible d'exprimer plus clairement et plus magnifiquement sa croyance au commerce intime des âmes,
indépendamment de l'attraction des sens, comme il
est impossible de placer sous la sauvegarde d'un
principe plus élevé, les jouissances si exquises et parfois si périlleuses dont ce commerce est la source.
Pour lui, le beau est inséparable de l'éternel, et la
partie périssable de la créature humaine, c'est-à-dire
le corps, quand elle le réfléchit à un degré suffisant,
peut, non moins efficacement que la vertu, aider
l'âme, impatiente de sa prison ici-bas, à prendre son
essor vers les régions dont elle est descendue ; car
il peut arriver que l'amour dont on s'enflamme pour
une immense beauté, ramollisse le cœur et fasse que
le rayon divin le pénètre plus facilement. Mais cet
amour ne doit avoir rien de commun avec celui qui
établit l'empire des sens sur les facultés supérieures.
L'un attire vers le ciel, et ne tient aucun compte des
altérations que chaque heure amène dans la beauté
terrestre qui le produit; il ne connaît ni défloraison,
ni langueur, et il anticipe, dès cette vie, sur les délices

1. *Non sentì mai uscir di quella bocca se non parole onestis-
sime, e che avevan forza di estinguere nella gioventù ogni incom-
posto e sfrenato desiderio che in lei potesse cadere.*

du Paradis. L'autre attire vers la terre et se nourrit
de fausses espérances ; c'est une erreur qui fait dévier
de sa fin toute âme faible qui s'y laisse prendre,
erreur malheureusement très-commune, car il en est
peu que la grâce transporte à la contemplation des
beautés éternelles et qui tournent leurs désirs de ce
côté-là. Aussi le poëte, faisant sans doute d'amers re-
tours sur lui-même, ne peut-il s'empêcher de s'écrier :

Oh che miseria é l'amoroso stato[1] *!*

En suivant ainsi Michel-Ange dans la généralité de
sa thèse et dans les applications particulières qu'il en
fait à des objets sur lesquels il laisse le champ libre
aux conjectures, on trouve qu'il avait puisé, instinc-
tivement peut-être, à deux sources très-éloignées
l'une de l'autre, et que son idéal, dans l'espèce dont
il est ici question, n'est autre chose que la fusion des
idées Platoniciennes avec les idées chevaleresques du
moyen âge, ce qui le distingue essentiellement des
poëtes de l'école de Pétrarque, très-habiles à exhaler
d'harmonieux soupirs, mais dépourvus de cet accent
à la fois mâle et tendre auquel on reconnaît les héros
de la chevalerie chrétienne. Déjà du temps de Michel-
Ange, les chevaliers de cette espece étaient presque
aussi rares que ceux de la Table Ronde, surtout dans
les deux villes entre lesquelles il avait partagé sa vie
et ses affections, et qui étaient les deux principaux

1. Tout ce morceau sauf les suppressions et les transpositions,
est traduit des sonnets 3, 6, 7, 8, 9, 10. On trouve les mêmes
idées dans plusieurs madrigaux.

foyers de la civilisation italienne, mais aussi de la décadence. Néanmoins, on pouvait encore recueillir,
de loin en loin, un écho, distinct ou affaibli, de ces
traditions dont l'empire ne s'exerçait plus que sur des
individus isolés, et ce n'était pas chez le sexe le plus
fort que cet écho trouvait le plus de retentissement.
De là vint dans les âmes d'élite un redoublement d'a-
mour ou plutôt de culte pour la femme, qui représentait, tant bien que mal, un idéal trépassé, mais
encore cher aux imaginations poétiques, comme celle
de Michel-Ange. Seulement, on risquait de courir
après une chimère, et de saisir, comme il le fit plusieurs fois, non pas l'ombre pour la réalité, mais la
réalité qui donne la mort, au lieu de la réalité qui
donne la vie. Quoi qu'il en soit, il ne se lassa jamais de
poursuivre son idéal, bien qu'il éludât longtemps sa
poursuite, et les déceptions les plus amères ne purent rien contre son courage ni contre sa foi. C'est à
ce point de vue, purement psychologique, qu'il faut
étudier les poésies de cet homme extraordinaire dont
le cœur palpita de tous les genres d'enthousiasme, et
en qui le feu sacré revêtit successivement toutes les
formes. Ce fut peut-être Marsile Ficin, le traducteur de
Platon, qui en fit jaillir les premières étincelles, et ces
étincelles se changèrent, pour ainsi dire, en incendie,
à la voix de Savonarole. Dès lors, l'amour de la patrie et l'amour de la liberté marchèrent de front avec
l'amour du beau, et tous ces amours, heureux ou
malheureux, finirent pas être évidemment absorbés
dans l'amour de Dieu. Cette absorption et les vicissi-

tudes qui la préparèrent, de près ou de loin, forment la matière des plus belles compositions poétiques de Michel-Ange. Ce n'est ni la clarté, ni l'élégance qui en font le principal mérite. Souvent il se contente de laisser poindre sa pensée, même quand elle est sublime, et l'on voit qu'il ne lui en coûtait pas moins de polir les vers que de polir le marbre.

Mais, pour revenir à cet idéal qu'il cherchait, à la suite de Dante et de Pétrarque, et qui n'était pas moins nécessaire à son cœur qu'à son imagination, il le trouva enfin, en 1537, précisément à l'époque où il commençait à goûter les prémices de cette prospérité tardive dont il était redevable à Paul III. Cet idéal, regardé comme tel par tous ceux qui avaient des yeux pour voir, les yeux de l'esprit aussi bien que les yeux du corps, était la fameuse Vittoria Colonna, veuve du marquis de Pescaire, et devenue, depuis son malheur qui avait révélé son génie, l'idole des âmes d'élite, dans l'Italie tout entière. Ce fut devant cette idole, à qui la maturité de l'âge n'avait ôté que sa beauté superficielle, que Michel-Ange se prosterna avec un mélange d'amour et de vénération qu'il n'avait encore éprouvé pour aucun être humain. La nature des relations qui s'établirent entre eux, nous est expliquée par Michel-Ange lui-même dans les poëmes qu'il composa pour elle, et ces explications sont confirmées par quelques fragments qu'on a conservés de leur correspondance. On voit qu'elle exerçait sur lui ce genre d'ascendant auquel il est impossible de se soustraire, quand la femme joint à la suavité propre à son sexe, les mâles vertus qui appartiennent au nôtre. Or tous ces dons, acquis ou héréditaires, se trouvaient réunis dans Vittoria Colonna, et relevés par les qualités extérieures les plus attrayantes. Il y a des médailles où son beau profil et sa chevelure nouée à l'antique la feraient prendre pour une Muse; mais elle avait d'autres charmes, quand Michel-Ange la connut. Elle avait tout mis au pied de la croix, ses joies passées et ses douleurs présentes, et elle ne cultivait plus les affections humaines qu'en vue du progrès spirituel de ceux à qui elles les inspirait.

Il était impossible qu'il tombât dans de meilleures mains, pour la guérison des infirmités morales et intellectuelles qui lui restaient encore. Pour apprécier la valeur du remède et ses effets, nous avons le témoignage le plus compétent, celui du malade lui-même, mais du malade entonnant, en beaux vers, son cantique d'actions de grâces. Leur beauté ne consiste pas seulement dans l'heureux choix des mots ou dans l'harmonie du langage; il y a quelque chose de bien plus exquis que le mérite littéraire, dans cet accent de reconnaissance et d'humilité qui fait, pour ainsi dire, éruption à travers les paroles. On voit qu'il avait besoin d'une main, à la fois douce et ferme, pour remettre dans son juste équilibre, son intelligence ballottée entre le pur acquiescement de la foi et les tentations de la philosophie. Il se compare lui-même au voyageur qui, faute d'apercevoir le ciel, se perd et s'égare à chaque sentier qui se présente[1]. Il conjure celle qu'il veut prendre pour sa boussole, de lui tracer sa règle de vie, par pitié pour son âme. « Aidez-moi, s'écrie-t-il enfin, à ne pas faire de chute à la fin de ma course, ô vous qui avez dirigé mes pas vers le ciel par de si belles routes[2]. »

Les jouissances de Michel-Ange devenaient de plus en plus vives et se changeaient en besoins de plus en plus impérieux, de sorte que l'absence, quand le devoir la rendait nécessaire, lui laissait un vide bien difficile à remplir ; et ce vide, il le sentait si douloureusement, que, plus d'une fois, celle qui le causait, se rendit tout exprès de Viterbe à Rome, pour le consoler. A défaut de cette consolation, il en cherchait une moins efficace, mais encore bien douce, dans un commerce épistolaire dont le charme les exposait, l'un et l'autre, à l'oubli ou à la négligence de devoirs plus sérieux. Ce fut elle, la femme forte, sans cesser d'être l'amie tendre, qui signala la première ce danger, et qui lui représenta qu'en continuant cette correspondance avec tant de chaleur, il serait impossible à elle d'aller le soir avec ses religieuses dans la chapelle de sainte Catherine, et à lui d'aller de bonne heure travailler à Saint-Pierre, de sorte que l'une manquerait aux épouses du Christ, et l'autre à son vicaire[3].

1.

Il cuor confuso mi travaglia e stanca,
Come chi'l ciel non vede
Che per ogni sentier si perde e manca.

2. *Porgo la carta bianca-ove per voi nel mio dubbiar si scriva-come quest'alma d'ogni luce priva-possa non traviar... voi che' il viver mio-volgeste al Ciel per le più belle strade.*

3. *Che volendo continuare con tanto calore, jo mancherei di*

Restait encore une double ressource à l'adorateur, à la fois artiste et poëte ; c'était d'édifier et d'immortaliser l'objet de son culte par des compositions qui fussent en rapport avec le principe et le but de leur amitié réciproque. L'histoire de l'art ne présente pas de spectacle plus touchant que celui de ce vieil athlète, réchauffant sa verve pittoresque presque éteinte, pour offrir à celle qui lui tenait lieu de Muse, l'hommage d'une main débile, mais d'un cœur vivace qu'elle seule, avec l'aide de Dieu, avait eu la puissance de régénérer. Cet hommage, reproduit plusieurs fois, avec quelques variantes, était la représentation du grand mystère de la Croix, parce que l'artiste savait que c'était là, dans le dogme de la Rédemption par le Christ, que Vittoria Colonna puisait, depuis son veuvage, ses plus fermes consolations. Dans un de ces tableaux, on voyait le corps mort du Sauveur, soutenu par deux anges, et sa mère, abîmée par la douleur, les yeux et les bras levés pathétiquement vers le ciel, comme si on entendait sortir de sa bouche ces paroles inscrites sur l'instrument du supplice de son divin Fils :

Non vi si pensa quanto sangue costa[1] !

Et cet instrument était une copie exacte de la croix que les Pénitents blancs avaient portée en procession

---

stare la sera con le suore nella capella di santa Caterina, e voi di andare di buon'ora a lavorare a San-Pietro ; e cosi l'una mancherebbe alle spose di Cristo, e l'altro al vicario.

1. On ne sait pas au prix de quel sang on est racheté.

pour désarmer la colère de Dieu, pendant la fameuse peste de 1348, comme si les prières que ce signe de salut avait provoquées jadis, eussent pu communiquer à sa simple image une sorte de vertu expiatoire.

Un autre tableau du même genre, et composé dans le même but, était celui où l'on voyait le Christ en croix, encore plein de vie, et tordant ses bras sanglants et lacérés, au moment où l'excès de la souffrance lui fait pousser le cri déchirant qui est comme le point culminant de sa passion ; *Eli, Eli, Lamma Sabactani!* Pour juger ces deux compositions à leur véritable point de vue, il faut ne pas oublier dans quelles circonstances et dans quelle intention elles furent produites, et faire un effort d'imagination pour les apprécier avec les yeux et avec le cœur de celle qui les inspira. Il faut pardonner l'ampleur excessive des formes, en faveur de l'intensité de l'expression, et savoir gré à l'artiste d'avoir enfin cherché à exciter la componction plutôt que la stupéfaction [1].

A cet hommage, très-imparfait, de son pinceau, il joignait celui de son génie poétique qui, par une sorte d'affinité mystérieuse avec son affection dominante, semblait braver la décadence qui gagnait insensiblement, sinon ses facultés intellectuelles, du moins ses facultés mécaniques. Con-

1. Il y a un exemplaire de ce tableau à Rome, dans le palais Doria, et un autre dans la galerie des Uffizi, à Florence.

divi parle d'un grand nombre de sonnets que Michel-Ange composa pour elle, et qui ont eu, pour la plupart, le même sort que les lettres qu'il lui adressa ; mais il en reste assez pour constater l'essor que son âme avait pris sous l'influence de cette femme extraordinaire. A force d'envisager ses perfections, il en était venu à se laisser troubler par le sentiment de sa propre indignité, de la même manière que l'œil humain, bien que né pour jouir de la lumière, se trouble en regardant trop fixement le soleil[1]. Il était encore plus troublé par le sentiment de sa responsabilité devant Dieu, et il se demandait avec effroi quel châtiment serait le sien, si ce moyen de régénération lui avait été envoyé en vain ; car il aimait à insister sur la vertu régénératrice de cette affection, pour lui sans pareille, et il se comparait à une œuvre plastique qui, après avoir été un simple modèle en terre, est devenue, sous la main habile qui l'a façonnée, un marbre vivant et immortel[2].

Avec de telles obligations, si vivement senties, on comprend le désespoir du vieillard plus que septuagénaire, quand l'objet de ce culte tardif lui fut enlevé par la mort. Depuis qu'il avait connu Vittoria Colonna, la certitude de ne pas lui survivre avait

1. Voir le Madrigal 56 :

E com'occhio nel sole
Disgrega sua virtù, etc.

2. *Rime di M. Buonarroti, Sonetto LVII.*

fait une partie intégrante de son bonheur ; et maintenant il se voyait seul avec son art, qui n'était plus sa première idole ! Aussi son biographe Condivi, témoin de la douleur qu'il laissa éclater en cette occasion, nous dit-il, qu'à plusieurs reprises, son abattement menaça de dégénérer en aliénation[1]. Il y avait longtemps qu'il n'avait versé une telle abondance de larmes ; et ce soulagement lui vint fort à propos, le jour où il la visita pour la dernière fois sur son lit de mort. En rentrant chez lui, il disait à Condivi, avec une simplicité d'enfant, qu'il avait baisé la main de son amie, et que son plus grand regret était de ne lui avoir pas également baisé le front et le visage[2]. Quel dommage que ses ennemis n'eussent pas songé dès lors à dire qu'il était tombé en enfance !

Ce ne fut pas seulement son cœur qui fut brisé, ce fut encore son imagination qui fut flétrie, ou du moins assombrie pour longtemps. Cet idéal, après lequel il avait vainement soupiré dans sa jeunesse et son âge mûr, lui était apparu sur son couchant, comme une étoile du soir. Maintenant il disparaissait sans retour, quand sa foi à son idéal politique était tout à fait éteinte, du moins, en ce qui concernait sa patrie, et quand sa foi à son idéal

1. *Per la costei morte più volte se ne stette sbigottito e come insensato. Condivi Vita di Michel-Agnolo.*

2. *Mi ricorda d'averlo sentito dire che d'altro non si doleva, se non che quando l'andò a vedere nel passar di questa vita, non cosi le braciò la fronte o la faccia come baciò la mano.* Ibid.

esthétique commençait à être chancelante. Heureusement, par delà ces diverses formes de l'idéal, il y avait un idéal suprême qui pouvait lui tenir lieu de tous les autres, et auquel il avait le bonheur de croire plus fermement que jamais.

Mais il ne faut pas croire que les sentiments qui le portèrent plus tard à demander pardon à Dieu d'avoir fait de l'art son idole, vinssent du remords de l'avoir cultivé en matérialiste ; non, sous ce rapport, aussi bien que sous tous les autres, Michel-Ange fut essentiellement idéaliste, et il le fut dans l'acception la plus rigoureuse du mot, c'est-à-dire que les formes matérielles, même les plus exagérées, ne furent, sous sa main de peintre ou de sculpteur, que les exposants, soit de quelque sentiment élevé, soit de quelque vérité religieuse ou morale. Cela est même vrai de ses compositions mythologiques, toutes les fois qu'il fut maître de leur donner la signification qu'il voulut ; et, quand il ne le fut pas, il sut toujours éluder, de quelque manière, les fantaisies lubriques de ceux qui cherchaient à souiller son imagination et son pinceau. On sait ce qui lui arriva avec le duc Alfonse de Ferrare, pendant le siége de Florence, quand il alla chercher un asile dans ses États. Ce prince, dont les goûts étaient en parfaite harmonie avec ses mœurs, et qui n'était fait pour admirer Michel-Ange que sur sa réputation, lui offrit un logement dans son palais, et lui demanda de peindre pour lui une Léda, sans doute dans l'espoir de lui voir traiter ce thème favori de l'école

Lombarde, à la manière du Corrége ou de Titien. Son attente fut bien trompée. L'artiste, que sa qualité de fugitif et son peu d'estime pour cette autre dynastie, rendaient doublement fier, rejeta l'hospitalité et accepta la tâche ; mais la manière dont il s'en acquitta donna lieu à une scène tellement vive entre lui et le mandataire de sa Seigneurie, que le républicain finit par ordonner au courtisan de sortir de sa présence [1], et la Léda, devenue, pour cette fois, l'occasion d'une bonne inspiration, servit à marier deux pauvres filles qui avaient un titre spécial à la générosité de Michel-Ange, comme sœurs de son disciple Antonio Mini, auquel il donna en même temps la plus grande partie de ses dessins et de ses cartons ; trésor inappréciable que son nouveau possesseur porta en France avec la peinture dotale, qui devint la propriété de François Ier, et orna, pendant longtemps, la résidence royale de Fontainebleau [2].

Michel-Ange peignit encore quelques nudités mythologiques ; mais on ne saurait les appeler des nudités, pas même sa *Vénus*, bien que Pontormo, pour la rendre plus attrayante, l'ait revêtue de tout le charme de son coloris.

---

1. En voyant le tableau, le courtisan s'écria : *Oh! questa è una poca cosa.* Après un court et vif dialogue, Michel-Ange lui dit : *levatevimi dinanzi.*

2. La Léda avait disparu dès le temps de Louis XIII. On dit que Desnoyers, alors surintendant des bâtiments, la brûla ou la barbouilla, par scrupule de conscience. Le carton revint à Flo-

La fatalité qui avait poursuivi Michel-Ange dans ses œuvres de sculpture, sembla encore le poursuivre dans ses œuvres d'architecture: il n'eut la satisfaction d'en voir terminer aucune, et ceux qui furent chargés de les terminer après sa mort, le firent sans respect pour sa mémoire, comme sans égard pour son génie. Le premier à commettre cette espèce de profanation fut Vasari, le plus outré de ses admirateurs; mais il faut reconnaître que cette dérogation ne fut pas tout à fait volontaire de sa part. C'était pour la fameuse bibliothèque de San-Lorenzo, construite auprès de l'église de ce nom, sur les dessins fournis par Michel-Ange, mais qui ne se retrouvèrent pas, quand la tâche fut reprise, en 1560, par ordre de Côme de Médicis, devenu souverain de Florence; il en est résulté des disparates quelquefois choquantes dans certaines parties qui sont les premières à frapper les yeux, et, bien que Vasari ne fût pas un mauvais architecte, on est naturellement tenté de lui imputer tout ce qu'il y a de peu satisfaisant, soit dans l'ensemble, soit dans les détails de cet édifice, trop tourmenté par tant de remaniements successifs.

Le contraire de ce qui était arrivé pour la bibliothèque Laurentienne, arriva pour le palais Farnèse, à Rome. Ici, ce fut Michel-Ange, qui fut chargé de mettre la dernière main, ou plutôt le dernier couronnement à un ouvrage qu'Antonio da San-Gallo,

rence et a passé depuis en Angleterre. Quant aux dessins originaux, ils ont été dispersés dans les diverses collections de l'Europe.

son rival, mort en 1547, n'avait pas eu le temps de terminer. Pour réussir dans cette entreprise, l'artiste avait, outre le stimulant de l'émulation, les inspirations plus nobles de la reconnaissance envers une famille qui l'avait dédommagé amplement et des rigueurs du sort et du patronage humiliant d'une autre dynastie, et qui l'avait placé si haut dans l'estime publique, qu'on traitait maintenant avec lui comme de puissance à puissance. Aussi ce ne furent ni la verve ni l'ambition de bien faire, qui lui manquèrent dans l'accomplissement de cette nouvelle tâche, comme le prouve assez la riche et imposante corniche qui donne à ce palais une physionomie si monumentale, et qui contribue, bien plus que ses dimensions et ses colonnades, à en faire, même de loin, une des merveilles de Rome. Mais il était impossible à ce génie non moins original que puissant, de marcher servilement sur les traces de qui que ce fût, ancien ou moderne, et ce besoin de voler de ses propres ailes, produisit ici, comme dans la chapelle des tombeaux, comme dans les abords de la bibliothèque Laurentienne, quelques résultats réprouvés par le bon goût aussi bien que par les règles techniques de l'art. Ce fut ainsi qu'après s'être conformé au plan primitif dans l'achèvement du second étage, du côté de la cour, il en dévia tellement dans le dessin du troisième, que la symétrie de l'édifice en fut notablement altérée.

Un autre problème, plus difficile à résoudre, fu le changement de la grande salle des bains de Dioclétien en un temple chrétien. La solution proposée par Michel-Ange, avait l'avantage de concilier, mieux qu'aucune autre, la majesté du culte avec le respect dû au monument qu'il s'agissait de transformer. L'église devait faire partie d'un vaste système de constructions, ou plutôt d'appropriation, dont la première idée, conçue par deux membres de la famille Orsini, remontait à la fin du quatorzième siècle. On avait songé dès lors à y établir des religieux de l'ordre de Saint-Bruno. Mais ce projet fut abandonné à cause des difficultés que présentait l'exécution, et ne fut repris que deux siècles plus tard, sous le pontificat de Pie IV, qui, entre tous les dessins qui lui furent soumis, donna la préférence à celui de Michel-Ange. Or, pour lui, la croix grecque, mise en vogue par Bramante, était la plus belle de toutes les formes, parce qu'elle était à la fois la plus gracieuse par ses lignes et la plus grandiose par ses proportions. L'édifice fut donc construit, ou plutôt remanié sur ce plan, et le Pape en fit la dédicace solennelle, en 1561, sous l'invocation de Sainte-Marie des Anges. Mais, vers le milieu du dix-huitième siècle, il se trouva un architecte, de sinistre mémoire, nommé Vanvitelli, qui bouleversa, de fond en comble, l'ouvrage de Michel-Ange, et qui commit, sur l'ensemble et sur les détails, des actes de vandalisme dont il serait injuste de le rendre seul responsable. Non-seulement la croix grecque fut supprimée et la nef changée en transept, mais on abattit la belle façade qui décorait l'entrée principale, et l'on ne daigna pas même en faire une porte latérale, de peur de violer les saintes lois de la symétrie ; car ce Vanvitelli avait une espèce de culte pour la symétrie. Il ne lui suffisait pas que les colonnes fussent toutes de même couleur, il voulait encore qu'elles fussent de même nuance, et, pour se donner cette jouissance esthétique, il eut recours à un expédient dont nul autre ne se serait avisé ; ce fut d'enduire d'un certain vernis rougeâtre les huit superbes colonnes de granit rouge oriental qui restaient de l'ancienne salle des Thermes, afin de les rendre exactement semblables aux colonnes de briques peintes qui leur servaient de pendant ou de complément.

Le plan primitif de Michel-Ange pour la construction des édifices qui entourent la place du Capitole, ne fut pas plus respecté. C'était le pape Paul III qui lui avait imposé cette tâche, pour laquelle il semblait que les inspirations ne dussent pas lui manquer. C'était comme le Vatican de la Rome païenne. Mais les successeurs de ce pontife, aussi entreprenant que magnifique, ne mirent pas ce projet au nombre de ceux dont l'exécution pressait, et l'on arriva ainsi, de délai en délai, jusqu'au dix-septième siècle, de sorte que ce fut seulement sous le pontificat d'Innocent X et sous celui d'Alexandre VII, que l'architecte Giovanni del Duca, digne représentant de son époque en matière de goût, bâtit le palais des Conservateurs et l'édifice qui sert aujourd'hui de musée, en faisant croire à ses patrons et au public, qu'il se conformait au dessin de Michel-Ange. Il y a des voyageurs crédules pour lesquels cette imposture semble s'être perpétuée jusqu'à nos jours, et qui ne peuvent comprendre que ce grand artiste ait fait le double escalier qui conduit au haut de la plate-forme et ait placé la statue de Marc-Aurèle sur son piédestal, sans avoir été, en même temps, l'ordonnateur des constructions environnantes. Mais le monument qui honore le plus sa mémoire et qui lui causa le plus de tribulations dans ses vieux jours, fut la basilique de Saint-Pierre, sur laquelle on le vit concentrer toute son ambition, non-seulement comme artiste qui voulait bien finir, mais comme chrétien qui voulait travailler, sans rétribution, à la gloire de Dieu et à celle de son grand apôtre. Si cette dernière période de sa carrière ne fut pas la plus féconde ni la plus glorieuse, humainement parlant, elle fut certainement la plus édifiante, et l'on peut dire que l'histoire de l'art et peut-être même l'histoire de l'humanité n'offre pas un autre exemple d'une vieillesse à la fois si pleine, si sainte et si honorée. A dater de la mort de Jules II (1513), la nouvelle église, destinée à remplacer l'ancienne, avait fait peu de progrès, et ce ralentissement avait duré pendant tout le règne de Léon X et continué sous celui de Clément VII, ces deux pontifes ayant épuisé, chacun à sa manière, le trésor pontifical, pour des intérêts purement dynastiques. Dans cet intervalle, plusieurs architectes éminents avaient été chargés, l'un après l'autre, de la direction des travaux, et l'idée primitive de Bramante, modifiée, dénaturée, ou même répudiée par ses successeurs, avait passé par toutes les vicissitudes imaginables. Après Giuliano da San-

Gallo et Fra Giocondo, de Vérone, qui eurent à peine le temps de rien changer aux plans de leurs devanciers, vint Raphaël qui avait pour lui, outre la recommandation de Bramante, son enthousiasme pour l'architecture antique, qui était alors dans toute sa ferveur. Son modèle, exécuté d'après les études incomplètes qu'il avait faites sur Vitruve, sacrifiait la croix grecque et conservait la coupole, ce qui était une combinaison contradictoire ; mais sa mort, survenue deux ans après, ne lui laissa le temps de rien achever, ni même de rien commencer. Balthasar Peruzzi, qui lui succéda en 1520, et dont les fonctions durèrent jusqu'à sa mort, en 1536, aurait pu avancer l'ouvrage et mettre la grande idée de Bramante à l'abri de tous les caprices, si ces seize années si précieuses n'avaient pas coïncidé précisément avec le triste pontificat de Clément VII, absorbé par d'autres soucis. Le plan de Peruzzi admettait la croix grecque, comme conséquence de la coupole ; seulement, il y joignait quatre coupoles de plus petites dimensions, avec quatre clochers qui devaient surmonter un nombre égal de sacristies, aux quatre angles de l'édifice, et cette combinaison de lignes et de formes, dont on peut se faire une idée par le dessin qu'en a conservé Serlio [1], aurait été d'un effet à la fois grandiose et pittoresque, et le plus beau titre de son auteur à l'admiration de la postérité.

Sa mort fut d'autant plus regrettable, qu'elle eut

---

1. Voir les œuvres de Serlio, recueillies par Scamozzi, pl. 65.

lieu au moment même où Paul III faisait reprendre, avec un redoublement d'activité, les travaux que ses prédécesseurs avaient laissé languir, et imprimait à l'architecture, comme aux autres branches de l'art, cette puissante impulsion qui est une des gloires de son pontificat. De plus, on nomma, pour succéder à Peruzzi, un architecte dont les idées étaient, en bien des points, diamétralement opposées aux siennes, ainsi qu'à celles de Bramante; ce successeur était Antonio da San-Gallo qui resta dix années entières à la tête de l'œuvre (1536-1546), et qui, non content de substituer, encore une fois, la croix latine à la croix grecque, voulut aggraver les inconvénients de cette substitution par l'addition de deux cents palmes de plus à la longueur de la nef. Les défauts extérieurs n'étaient pas moins frappants et accusaient un goût bizarre dont les chances de succès augmentaient malheureusement tous les jours. C'étaient des rangées de colonnes entassées, sans motif, les unes au-dessus des autres, pour servir de revêtissement à la grande coupole ; et, aux deux extrémités de la façade principale, il y avait deux clochers à plusieurs étages, dont la hauteur devait égaler celle de la lanterne. Ce n'était rien moins que l'inauguration, la plus solennelle possible, d'une ère de décadence et de mauvais goût, dans l'architecture religieuse [1]. Heureusement,

1. Le grand modèle en bois que San-Gallo fit exécuter par son élève Labaco, et qui ne coûta pas moins de 4000 écus, se voit encore aujourd'hui sur les lieux, dans ce qu'on appelle l'*Ottagono di San-Gregorio*.

le pape Paul III n'était nullement entiché du génie
d'Antonio da San-Gallo ; et, quand il lui donna
Michel-Ange pour successeur, ce fut avec des pleins
pouvoirs tellement étendus, qu'il fut moins le surintendant que le dictateur de l'œuvre, non pas dictateur temporaire, mais dictateur à vie, et même, en
quelque sorte, dictateur après sa mort ; car son pré-
voyant patron prit toutes les précautions imaginables
pour assurer, même sous les pontifes qui viendraient
après lui, l'exécution du plan de son artiste favori.
Michel-Ange, qui avait alors soixante-treize ans et qui
savait combien la fortune fait payer cher ce genre de
faveurs, fit tout ce qu'il put pour se soustraire au fardeau qu'on voulait lui imposer, et, quand il céda
enfin aux instances de son bienfaiteur, ce fut à condition qu'il ne toucherait aucune rémunération pécuniaire et qu'on lui permettrait de travailler uniquement pour la gloire de Dieu et de l'apôtre saint
Pierre. En vain Paul III essaya-t-il, à plusieurs reprises, d'éluder cet engagement ; il trouva le vieil
athlète non moins inébranlable dans ses refus que
dans sa foi, et cet héroïque désintéressement ne se
démentit pas un seul jour pendant les dix-sept années qui s'écoulèrent entre son installation dans ses
nouvelles fonctions, et sa mort.

Jamais il ne parut plus grand que dans cette dernière période de sa vie, — non pas comme peintre,
ni comme sculpteur, ni même comme architecte,
quoiqu'il n'aspirât à rien moins qu'à élever le Panthéon dans les airs, mais comme homme qui a la

conscience de sa dignité devant ses semblables et de ses misères devant Dieu. Autant il trouvait de grandeur à s'humilier sous la main divine, autant il se redressait fièrement contre ceux qui, n'ayant pas sur lui d'autre prise, l'accusaient effrontément d'être tombé en enfance. Pour toute réponse à une accusation du même genre, intentée par ses propres fils, le vieux Sophocle avait produit devant ses juges son OEdipe à Colonne. Michel-Ange, à un âge qui s'appelle plutôt décrépitude que vieillesse, produisit son modèle de la basilique de Saint-Pierre et ses dernières poésies qu'on prendrait, à leur âpre contexture et à leur accent brisé, pour la traduction libre des plus beaux psaumes de David. Dans son appel à la miséricorde de Dieu, il y a des élans de contrition qui rappellent ceux du roi-prophète, et l'on voit clairement que le repentir de l'un et de l'autre porte sur le même genre de faiblesses. Dans ces fragments de confessions abrégées, on ne sait ce qu'on doit le plus admirer, de l'humilité ou de la foi de celui qui les fait. Peut-être sa foi est-elle plus méritoire, parce qu'en lui cette vertu était une victoire, tandis qu'il lui coûtait peu d'être humble, vu que sa fierté ne fut pour lui qu'une arme défensive et ne dégénéra jamais en orgueil. A bien des égards, il devint plus enfant dans ses vieux jours, enfant dans le sens de la recommandation évangélique, et non pas dans le sens de ses détracteurs, pour qui le spectacle de tant de simplicité venant à la suite de tant de génie, était une énigme insoluble. Sans doute, ils étaient scandalisés de ce désintéressement fabuleux qui lui faisait rejeter opiniâtrément, non-seulement les profits très-légitimes attachés à ses fonctions d'architecte, mais encore les invitations pressantes qui lui venaient de sa patrie et de Côme de Médicis lui-même, jaloux, à ce qu'il paraît, d'orner de ce fleuron sa couronne grand-ducale, flétrie par tant de crimes. Après la mort du pape Paul III, en 1549, on crut que la perte d'un tel patron, jointe aux intrigues sans cesse renaissantes de la cabale de San-Gallo, dégoûterait enfin Michel-Ange du séjour de Rome ; mais il trouva dans Jules III un défenseur si zélé, ou plutôt un admirateur si fanatique[1], qu'il fallut encore renoncer à cet espoir. Le pontificat de Paul IV, qui avait déclaré la guerre aux nudités anatomiques de la chapelle Sixtine, parut offrir de meilleures chances de succès, et les négociations poursuivies en vue de cette conquête, ne cessèrent plus qu'avec la vie du héros qu'on cherchait à conquérir. Le plus actif de ces négociateurs fut Vasari, qui revint plusieurs fois à la charge, et qui fit valoir les considérations les plus propres à ébranler la résistance qu'il rencontrait. Il y eut des moments où Michel-Ange fut touché jusqu'aux larmes ; mais sa chère basilique lui tenait trop au cœur, et l'âge, au lieu d'affaiblir en lui cet attachement, ne faisait que l'augmenter. « Sachez, écrivait-il à Vasari, quand il « entrait dans sa quatre-vingt-cinquième année,

---

1. Jules III disait que, s'il survivait à Michel-Ange, il ferait embaumer son corps, afin de le garder toujours auprès de lui.

« sachez qu'il me serait doux de transporter mon
« faible corps là où repose celui de mon père ; mais,
« en partant d'ici, je serais la cause d'une grande
« ruine pour la fabrique de Saint-Pierre, d'une
« grande honte et d'un très-grand péché[1]. » Il faisait
allusion aux projets sinistres de ceux qui attendaient
avec impatience le moment de recueillir sa succession.

Cette précieuse lettre à Vasari était accompagnée
d'un sonnet plus précieux encore, parce qu'il était
comme le dernier chant du cygne, et parce qu'il con-
tenait une sorte d'adieu solennel à l'art, dont l'artiste
se reprochait de s'être fait une idole[2]. Il se ressentait
encore de la profonde mélancolie dans laquelle l'avait
plongé la mort de son vieux serviteur Urbino[3], et de
l'impression qu'avaient produite sur son âme de pieux
ermites établis dans les montagnes de Spolète, et
d'un commerce tellement attrayant pour lui, qu'à son
retour, il disait leur avoir laissé plus de la moitié de
lui-même[4]. Tout cela, joint à ses quatre-vingt-dix ans
et aux avertissements de sa santé chancelante, était
fait pour renforcer le sentiment qui lui faisait dire et

---

1. *Partendo di quà, sarei causa d'una gran rovina della fa-
brica di San-Pietro, d'una gran vergogna et d'un grandissimo pec-
cato.* Vasari.

2. *Onde l'affettuosa fantasia — che l'arte mi fece idolo e mo-
narca, — cognosco or ben quant'era d'error carca.*

3. Voir la lettre si touchante qu'il écrivit sur cette mort. Vasari.

4. *In modo che io son tornato men che mezzo a Roma.* Vasari.

écrire que tout était vanité ; tout, y compris la sculpture et la peinture, qui ne contentaient pas l'âme une fois éprise de l'amour divin[1] ; tout, excepté le bonheur d'aimer Dieu et la gloire de le servir. Or, c'était à ce service que Michel-Ange consacrait alors le dernier souffle et la plus belle inspiration de son génie ; l'année suivante, parut enfin le modèle de la coupole de Saint-Pierre ! Sa mission touchait à son terme.

Pie IV occupait alors le trône pontifical. Non-seulement il continua l'œuvre de ses prédécesseurs, mais il imprima aux travaux de construction une nouvelle activité, ce qui permit à l'architecte, alors presque nonagénaire, d'achever les deux tribunes du transept et d'élever le tambour de la coupole jusqu'à l'origine de la voûte, c'est-à-dire jusqu'au point où il n'était plus possible à ses successeurs de rien changer à la courbe déterminée par lui. Cette garantie semblait épanouir le cœur du vieillard, qui en témoignait sa reconnaissance pour le nouveau Pontife en traçant, d'une main encore ferme, divers dessins, sur sa demande, entr'autres celui de la Porta Pia, et celui d'un monument sépulcral pour son frère, le marquis de Marignan[2]. Parfois, il s'occupait aussi de son propre monument, et, malgré l'adieu solennel qu'il avait dit à la sculpture, il travaillait, en guise de

---

1. *Nè pinger, nè scolpir fia più che queti — l'anima volta a quello amor divino — ch'aperse, a prender noi, in croce le braccia.*

2. Ce monument fut ensuite sculpté par Lione Lioni et placé dans la cathédrale de Milan.

pieuse récréation, à un groupe qui se rapportait à la
pensée dominante de ses dernières poésies, la Rédemption de l'homme par la passion du Christ. Ce
groupe, qui se voit aujourd'hui derrière le grand
autel du dôme de Florence, et qui représente le corps
mort du Sauveur, soutenu par Nicodème, est resté,
comme tant d'autres ouvrages du même artiste, à
l'état d'ébauche, non point par caprice, ou par désespoir de bien rendre son idée, ou par impatience
contre son bloc[1], mais par la défaillance et l'engour-
dissement de son bras qui, pour me servir de sa
propre expression, n'obéissait plus à son intelligence[2].
C'était une raison de plus pour placer sur sa sépul-
ture, conformément à ses intentions bien connues,
ce dernier produit sinon de son génie, au moins de
sa patience et de sa piété, au lieu de le laisser enfoui,
jusqu'au dix-huitième siècle, dans un magasin de
marbres attenant à l'église de San-Lorenzo[3]. Ses
compatriotes, ou plutôt la dynastie qui les gouver-
nait, se figurait, sans doute, avoir pleinement acquitté
la dette de reconnaissance nationale, par l'érection
du tombeau si mesquin qu'on voit à Santa-Croce.
Cela pouvait suffire à Florence ou à ses maîtres ; mais
il fallait autre chose pour satisfaire la chrétienté tout

1. Ce bloc était un chapiteau de colonne antique. Le groupe
se ressent des difficultés que la matière présentait au sculpteur.

2. *Solo a quello arriva la man ché obbedisce all'intelletto.*

3. Ce groupe ne fut placé derrière le grand autel du dôme,
qu'en 1722.

entière, qui semble s'être entendue pour regarder la basilique de Saint-Pierre et surtout sa coupole, comme le véritable monument de Michel-Ange, comme celui qui assure le mieux son immortalité.

Ses biographes nous disent que, dans sa jeunesse, il admirait tellement l'église de Santa-Maria-Novella, qu'il avait coutume de l'appeler sa fiancée. En traduisant de la même manière les affections artistiques de sa vieillesse, on pourrait dire que l'église de Saint-Pierre fut son épouse et qu'il débuta, dans ses relations avec elle, comme Moïse avec les filles de Jéthro, en la délivrant des brigands qui la pillaient. Quand il l'épousa dans un âge avancé, il y mit la condition expresse qu'il l'épouserait sans dot, et il l'aima plus que si elle l'avait enrichi. Une fois ce lien formé, rien ne put le rompre, ni même l'affaiblir. Au contraire, son amour crut avec les tribulations et les épreuves. En vain les puissances de la terre eurent-elles recours à tous les genres de séduction pour le tenter de faire divorce ; tout échoua contre son héroïque fidélité à cette épouse qu'il voulait rendre aussi belle qu'elle avait été pauvre. Pendant dix-sept ans, il ne cessa pas de travailler à sa parure, et ce fut la plus douce occupation de ses vieux jours. Enfin, avant de fermer les yeux, et comme dernier témoignage de tendresse, il posa sur sa tête la plus belle couronne de l'univers, couronne glorieuse devant laquelle le voyageur s'est incliné plus respectueusement que devant le capitole, couronne radieuse qui paraît quelquefois toute étincelante de rubis, et ce surcroît de parure, réservé jusqu'ici pour les jours ou plutôt pour les nuits de grande fête, était encore l'ouvrage de la main caressante et hardie qui éleva cette coupole si haut dans les airs, et qui lui traça pour la gloire de Dieu et du prince des apôtres, de si majestueuses proportions.

RAPHAËL

RAPHAËL.

Quand Raphaël apporta son concours à Michel-Ange, pour former ce qu'on est convenu d'appeler l'école romaine, son génie, bien que toujours fidèle aux inspirations ombriennes, s'était renforcé par des inspirations d'un autre genre puisées à la même source que celles de Michel-Ange lui-même, mais puisées de manière à laisser son originalité intacte, tout en exerçant, au profit de ses facultés, sa puissance d'assimilation. Il entrait donc alors dans la troisième et dernière phase de son éducation artistique, dans celle qui devait voir éclore les merveilles que tout le monde connaît. Mais ce n'était pas à Rome que se trouvaient les germes et la séve qui avaient préparé de loin cette éclosion, et c'est surtout en matière d'art, où les influences diverses sont difficiles à démêler, qu'il importe de remonter des effets aux causes.

Après avoir fait son premier apprentissage sous son père Giovanni Santi, Raphaël, encore adolescent, était entré, sous de tristes auspices, dans l'atelier de Pérugin que la catastrophe de Savonarole allait bientôt frapper d'une irrémédiable décadence. Pour que cette décadence ne fût pas contagieuse, il fallait que le discipe fût déjà riche de son propre fonds, sinon au point de vue de la science, du moins au point de vue des inspirations, et qu'il cherchât dès lors, en dehors de la sphère tracée par son maître, cet idéal dont l'image parfois hélas! trop affaiblie, devait l'obséder, je dirais presque l'importuner jusqu'à la fin.

Cet idéal qui, pour les yeux non exercés, est encore à l'état latent dans ses premières œuvres, devient de plus en plus perceptible à mesure qu'il acquiert des forces pour voler de ses propres ailes. Ce n'est pas à Pérouse que nous lui voyons prendre son premier essor, c'est à Città di Castello, pendant un voyage que Pérugin faisait à Florence; et son début fut tel que pouvait le désirer un nourrisson de l'école Ombrienne, de cette école dont le produit spécial, comme nous l'avons dit ailleurs, était la bannière qui est, dans le domaine de l'art, ce que l'hymne est dans le domaine de la poésie. Raphaël fit donc son premier acte d'indépendance en peignant une bannière qu'on voit encore aujourd'hui à Città di Castello, mais recouverte d'un vernis noirâtre à travers lequel on a peine à distinguer les deux sujets qui y sont représentés.

Le sujet principal est *la Sainte Trinité*, invoquée par saint Roch et saint Sébastien, les deux patrons dont l'intercession était réputée la plus efficace contre le fléau de la peste : ce qui explique la signification de cette bannière, destinée sans doute à figurer dans les processions expiatoires. Cette destination seule était une source d'inspirations sympathiques pour une âme aussi tendre que celle de Raphaël, et l'on en reconnaît la trace non-seulement dans l'expression des deux Saints levant vers Dieu leurs regards compâtissants, mais aussi dans celle des deux anges peints sur le revers et qui assistent, avec un mélange d'intérêt et de pitié, à la création de la première pécheresse, cause de tant de maux pour sa postérité.

Ce premier succès, qui dut être un succès populaire, lui en valut plusieurs autres dans la même ville. Après avoir peint, pour l'église des Dominicains, le tableau du *Christ en Croix*, qu'on voyait jadis dans la galerie du cardinal Fesch et qu'il était difficile de ne pas prendre pour une œuvre de Pérugin, il peignit, dans l'église des Augustins, *la Glorification céleste de saint Nicolas de Tolentino*, sujet éminemment mystique dans lequel on voyait les figures légèrement tracées du Père éternel, de la Vierge et de saint Augustin tenant ensemble une couronne au-dessus de la tête du saint ermite, pendant que des anges agitaient des banderoles sur lesquelles étaient écrites ses louanges.

Dans toutes ces compositions, Raphaël avait marché scrupuleusement sur les traces de son maître; seulement il se permettait quelquefois de mettre un peu plus de finesse dans l'expression des têtes. Quand il fut de retour à Pérouse, il continua ce système de déférence respectueuse et d'émancipation presque imperceptible sans laquelle tout progrès eût été impossible sous un maître qui n'avait pas conscience de sa décadence. On peut suivre les diverses nuances de cette émancipation dans les ouvrages qu'il produisit de 1500 à 1504, surtout dans ceux de petites dimensions, comme *la Madone* du Musée de Berlin, *la Vierge* du palais Connestabile, *la Vierge* de la comtesse Alfani, *l'Adoration des Mages* du château de Christianburg, la demi-figure de saint Sébastien, *le Songe du Chevalier* ou *le Songe de saint George*, qu'on voit à la galerie nationale de Londres, et quelques autres compositions du même genre exécutées dans un but qui les soumettait à des conditions toutes spéciales.

Son œuvre la plus importante, dans cette période de transition, est *le Couronnement de la Vierge*, qu'il peignit pour l'église des Franciscains de Pérouse et qui se trouve aujourd'hui dans le Musée du Vatican. Bien que Vasari ait dit qu'il fallait un œil très-exercé pour distinguer cette œuvre de celles de Pérugin, il n'en est pas moins certain que dans les figures des douze apôtres, comme dans celles des anges qui font un concert céleste, le disciple s'en est rapporté à ses propres inspirations et qu'il a fait un pas de plus dans la voie que son instinct précoce lui avait tracé.

Il devait en faire un plus décisif encore en peignant, quelque temps après (1504), pour les Franciscains de Città di Castello, le fameux tableau du *Sposalizio* qui, après avoir été conquis, l'épée à la main, en 1798, par le général Lechi, de Brescia, est devenu le plus précieux trésor de la galerie de Milan. L'artiste venait de quitter définitivement l'atelier de son maître qui n'avait plus rien à lui apprendre, et il prenait acte de son émancipation en inscrivant pour la première fois son nom sur un ouvrage sorti de sa main. Cette inscription était moins nécessaire que jamais; car ce chef-d'œuvre était tellement supérieur à tout ce que Pérugin pouvait alors produire, il y avait, dans la Vierge et dans ses compagnes, des airs de tête d'une grâce si exquise et, dans tout l'ensemble de la composition, une telle jeunesse de sentiment, qu'il faut être étranger à l'histoire de Pérugin et de ses misères, pour supposer un instant qu'il ait pu s'élever à cette hauteur. D'ailleurs il y avait, dans ce tableau, outre l'intérêt poétique qui s'attachait à la partie principale, un autre genre d'intérêt qui s'attachait à la partie accessoire, c'est-à-dire à l'architecture dont le style est si pur, les proportions si justes et la perspective si bien ménagée, qu'on était tenté d'y voir l'effet d'une espèce de divination.

A ses acquisitions personnelles, qui étaient rapides, il faut ajouter celles que lui procuraient des relations de plus en plus intimes avec des condisciples devenus ses amis et quelquefois ses conseillers, avec Domenico di Paris Alfani, pour lequel il traça le dessin d'une *Sainte Famille*, avec Gaudenzio Ferrari qui lui parlait de Léonard, avec Timoteo Viti qui lui parlait de Francia, avec Pinturicchio qui lui fournissait l'occasion d'agrandir son horizon en l'associant à ses travaux dans la bibliothèque de Sienne et en plaçant sous ses yeux le fameux groupe des *Trois Grâces* dont Raphaël emporta un dessin qui se trouve aujourd'hui dans la collection de l'Académie des beaux-arts. Ce fut pour lui comme une révélation nouvelle qui, après avoir fermenté sourdement dans son imagination, devait se traduire en une véritable passion pour l'art antique, sous ses formes les plus pures et les plus gracieuses. Mais, avant d'en venir à ce nouvel apprentissage, son génie avait encore une phase importante à traverser, peut-être la plus importante de toutes, à cause de l'immense progrès qu'il dut à son contact, plus ou moins prolonge, avec les deux plus grands artistes de son siècle ou du moins avec leurs œuvres. C'était l'époque où Florence, plus éprise de conquêtes esthétiques que de conquêtes commerciales, attachait plus d'importance aux cartons de Léonard et de Michel-Ange qu'aux denrées coloniales qui lui venaient du nouveau monde.

Nous avons déjà parlé de ces fameux cartons et de la révolution qu'ils produisirent, à divers degrés, dans toutes les écoles d'Italie. L'école Ombrienne fut la dernière à se laisser subjuguer, et il faut avouer que Raphaël la représenta dignement dans ses rapports avec cette puissance nouvelle. Non-seulement il ne lui sacrifia rien de ce qui avait constitué la supériorité de cette école essentiellement mystique sur l'école naturaliste de Florence, mais il gradua si bien ses procédés d'assimilation vis-à-vis des éléments nouveaux qui lui étaient offerts que, malgré la part qu'il prenait à l'admiration générale, il ne dépassa jamais la limite qu'il s'était prescrite à lui-même. D'ailleurs il n'avait pas tardé à se donner un préservatif dans l'étude des fresques de Masaccio, le peintre le plus classique du quinzième siècle, en prenant ce mot dans sa meilleure acception. C'était le modèle qui lui convenait le mieux pour remplir les lacunes de son éducation ombrienne et pour lui faire comprendre l'importance du rôle que jouent l'étude de la nature, la science de la composition et l'individualité des caractères, dans la représentation des sujets même les plus élevés au-dessus du monde réel.

Rien n'autorise à croire que Raphaël ait eu des relations personnelles avec Léonard, encore moins avec Michel-Ange. Mais leur influence sur lui n'en fut pas moins décisive, particulièrement celle du premier, et l'on peut voir, parmi les dessins de la collection d'Oxford et de celle de Venise, des preuves irrécusables de l'effet que produisit sur sa jeune imagination le fondateur de l'école Lombarde.

Entre les fruits immédiats de ces impressions di-

verses et simultanées, il en est un qui, participant à
a fois de l'inspiration ombrienne et de la science
florentine, offre une fusion tellement heureuse de ces
deux éléments, qu'on peut dire que chacun des deux
y est élevé à sa plus haute puissance. Je veux parler
de *la Madone du Grand-Duc*, devant laquelle les paroles manquent pour exprimer l'admiration qu'elle
inspire. Jamais l'art chrétien ne produisit une œuvre
qui méritât, mieux que celle-ci, la qualification de
Vision céleste, et Raphaël lui-même, malgré les progrès qu'attestent ses œuvres subséquentes, ne repro-
duisit pas une seconde fois la divine harmonie qui
résonnait dans son âme, pendant qu'il traçait cette
ravissante image.

Cette double empreinte, ombrienne et florentine,
se retrouve, à divers degrés, dans tous les ouvrages
exécutés par Raphaël depuis ce premier séjour à Florence jusqu'à son départ pour Rome (1505-1508).
Elle se retrouve dans deux petites madones peintes
vers la même époque, dont l'une est en Angleterre
et l'autre au Musée de Berlin. Mais il est à remarquer que, quand l'artiste eut repris le chemin de ses
montagnes, les traditions ombriennes semblèrent,
non pas effacer l'influence récemment subie, mais
reprendre un peu plus d'empire, tout en laissant in-
tactes les acquisitions nouvelles. C'était, pour ainsi
dire, une double vitalité dont les manifestations toujours harmoniques se produisaient avec une variété
de nuances qui échappait quelquefois à l'œil le plus
exercé.

Après son retour à Pérouse, ce furent encore les couvents qui donnèrent de l'occupation à son pinceau et qui ravivèrent, après une longue désuétude, ses inspirations ascétiques. Aussi aborda-t-il, avec un redoublement de verve, la première tâche qui lui fut offerte chez les religieuses de Saint-Antoine de Padoue, pour lesquelles il peignit le grand tableau d'autel qu'on admirait jadis dans le palais du roi de Naples et qui ne peut manquer d'exciter partout la même admiration. Raphaël, qui aspirait à produire un autre sentiment, a donné à son œuvre le genre de charme qui s'accordait le mieux avec sa destination, et, si certaines figures accessoires ne rappelaient pas un peu sa manière florentine, on serait tenté de croire que, pour être plus sûr de son succès, il a voulu faire un léger mouvement rétrograde vers sa manière purement ombrienne qui lui avait si bien réussi dans son tableau du *Mariage de la Vierge.*

A peine eut-il terminé cette tâche, que deux autres couvents se disputèrent son pinceau. Les Camaldules de San-Severo lui demandaient, non pas un tableau de dévotion, comme celui des religieuses de Saint-Antoine, mais une peinture commémorative des gloires de leur ordre, c'est-à-dire une composition moitié historique et moitié symbolique dans laquelle le génie de l'artiste, favorisé par son sujet et par l'improvisation de la fresque, pouvait se déployer sur une plus vaste échelle qu'il ne l'avait fait jusqu'alors. En effet, l'on a peine à comprendre, malgré toute la souplesse de ses facultés, qu'il ait pu franchir, en quelque sorte, d'un seul bond, la distance qui sépare cette dernière production de la précédente. Ici nous n'avons pas seulement une vague réminiscence des impressions reçues à Florence, mais une franche application des études faites sur les ouvrages de Masaccio et de Léonard, application qui se bornait aux parties accessoires et qui ne compromettait en rien les droits de l'idéal dans une représentation de ce genre; car la partie supérieure est occupée par la Sainte Trinité, avec des anges en adoration, au-dessous desquels sont rangées symétriquement six figures de Saints du plus noble caractère. C'est exactement la même ordonnance que nous admirons dans la première chambre du Vatican. Malheureusement, Raphaël oublia qu'il n'avait pas achevé sa fresque de San Severo; plus malheureusement encore, ce fut Pérugin qui se chargea de réparer cet oubli par un des plus tristes produits de sa décadence.

Les religieuses de Monte-Luce, près de Pérouse, eurent à peine la consolation de voir donner un commencement d'exécution à l'engagement formel que Raphaël avait contracté avec elles et qui, de leur part, avait pour objet l'accomplissement d'un vœu de leur défunte abbesse. En vain ces saintes filles qui, pour se conformer au texte de la disposition testamentaire, l'avaient choisi comme *le meilleur peintre*, lui firent-elles parvenir leurs réclamations jusqu'à Rome, la mort ne lui laissa pas le temps d'en

tenir compte, et nous verrons bientôt comment cette
vieille dette fut acquittée, au bout de quinze ans, par
ses élèves.

Ce fut pour satisfaire une pieuse intention du
même genre, par suite de la mort de Filippo Ansidei,
qu'il peignit, en cette même année, pour sa famille,
dans une chapelle de l'église de San-Fiorenzo, le
magnifique tableau qui a été rélégué, depuis un
siècle, dans le château de Blenheim et que nous devons nous estimer heureux de connaître par l'excellente gravure de Ludwig Grüner. La Vierge rappelle
un peu *la Madone du Grand-duc*, et les deux figures
accessoires de saint Nicolas et de saint Jean-Baptiste
sont drapées et caractérisées de manière à ne laisser
aucun doute sur l'influence persistante des fresques
de Masaccio ; mais on n'aperçoit, dans tout cela,
aucune trace d'éclectisme et la composition, prise
dans son ensemble, semble avoir été coulée d'un
seul jet.

Il faut que Raphaël ait été poursuivi par un besoin
bien impérieux de retourner à Florence, puisqu'il
laissait inachevée la peinture du couvent des Camaldules, c'est-à-dire la tâche la plus attrayante dont il
eût été chargé jusqu'alors et avec laquelle ne pouvait
être comparée aucune de celles qui l'attendaient en
Toscane. Mais, pour une imagination comme la
sienne, l'horizon de Pérouse et même de l'Ombrie
était devenu trop étroit, et les souvenirs qu'il avait
emportés de son premier voyage lui promettaient des
jouissances d'esprit et de cœur dont la perspective

était trop séduisante pour qu'il lui fût possible d'y résister.

Ces jouissances ne lui manquèrent pas en effet, et l'on peut dire que ce fut l'amitié qui lui fournit ses meilleures et même ses uniques inspirations ; car les couvents laissèrent son pinceau inactif, comme la première fois, et les œuvres qu'il produisit, pendant ce second séjour, furent des tributs payés à l'affection ou à la reconnaissance. Cette destination ne doit pas être perdue de vue dans l'appréciation des trois tableaux qu'il exécuta pour ses amis florentins, savoir, pour Lorenzo Nasi, *la Vierge au Chardonneret*, et pour Taddeo Taddei, *la Vierge dans la Prairie* et *la Sainte Famille au Palmier*.

Ses relations avec eux avaient commencé dans l'atelier d'un architecte nommé Baccio d'Agnolo, chez lequel se réunissaient la plupart des artistes célèbres de ce temps-là, pour discourir sur les sujets qui intéressaient leurs professions respectives. On y rencontrait Andrea Sansovino, Benedetto da Maiano, Antonio et Giuliano da San Gallo, c'est-à-dire les deux sculpteurs et les deux architectes les plus distingués entre les précurseurs immédiats de Michel-Ange. Une pareille rencontre ne pouvait manquer de susciter dans un esprit aussi bien disposé que l'était celui de Raphaël, des aspirations analogues à celles qui vivifiaient ces savants entretiens, et l'on peut croire que les lumières qu'il y puisa préparèrent de loin l'ardeur presque maladive avec laquelle il devait poursuivre la réalisation du beau sous toutes ses formes.

En attendant, il le réalisait sous la forme qui lui était la plus familière, dans son charmant tableau de *la Vierge au Chardonneret*, qui est encore un chef-d'œuvre de grâce virginale et de naïveté enfantine, malgré la catastrophe qui l'ensevelit, en 1548, sous les ruines d'une maison écroulée. Il le réalisait, sinon avec plus de charme, du moins avec un progrès scientifique plus marqué, dans le fameux tableau de la galerie du Belvédère, connu sous le nom de *la Vierge dans la Prairie*. Ici l'influence de Léonard est bien plus prononcée, non-seulement dans le type de la Vierge, qui se rapproche davantage des siens, mais aussi dans le style du dessin et dans le soin minutieux avec lequel sont traitées les parties accessoires, y compris le paysage qui est d'une beauté vraiment extraordinaire.

On ne comprend pas qu'après avoir été si bien inspiré par sa reconnaissance pour Taddeo Taddei, dont le patronage était le fruit d'une intelligente admiration, Raphaël ait pu peindre dans les mêmes conditions et pour le même patron, *la Sainte Famille au Palmier*, dont on est convenu de regarder la date et l'authenticité comme mises également hors de doute. Faut-il attribuer cet accès de défaillance à peine perceptible aux oscillations inséparables des efforts que faisait l'artiste pour concilier entre elles des inspirations et des tendances dont la synthèse n'était pas encore achevée?

S'il avait besoin d'un ami qui pût l'aider à maintenir son équilibre, il le trouva dans Francesco Francia qu'il connut à Bologne vers cette époque, c'est-à-dire en 1506, et pour lequel il se prit d'une tendre affection qui ne se démentit jamais, parce qu'elle était fondée sur les sympathies les plus vraies et les plus vives. On ne saurait trop regretter la perte du précieux dessin qui fut, de la part de Raphaël, le premier gage de cet attachement réciproque, et qui fut tracé par lui d'après un tableau de *l'Adoration des bergers*, qui s'est également perdu. On ignore combien de temps dura son séjour dans cette ville qui était alors en proie à la plus violente agitation politique; mais il ne put être bien long; car nous le retrouvons bientôt après dans sa chère ville d'Urbin où le duc Guidobaldo se dédommageait de ses récentes tribulations par des fêtes dans lesquelles il faisait briller son goût bien plus que ses richesses.

L'auteur de ces tribulations était César Borgia, son spoliateur et presque son assassin, qu'un soulèvement général des populations avait chassé des états usurpés par lui; et l'une des premières conséquences de cet acte de justice populaire, après la réintégration du prince légitime, avait été son installation comme gonfalonier de la sainte Église. Cette réhabilitation solennelle, ordonnée par le nouveau pontife Jules II, avait excité, dans toutes les villes ombriennes, le plus vif enthousiasme, et Raphaël, qui s'était associé de loin au deuil de ses compatriotes, voulut aussi s'associer à leur joie par le seul genre de manifestation qui fût en son pouvoir. Ce fut à cette source pure et patriotique qu'il puisa ses inspirations, pour exécuter les deux petites peintures commémoratives qui se trouvent au musée du Louvre et auxquelles l'artiste ajouta une troisième représentant le Christ en prière sur la montagne des Oliviers. Cette dernière serait, sous un certain rapport, la plus intéressante des trois, s'il était prouvé que le petit tableau de Raphaël que possédait saint Jérôme Miani et qui représentait exactement le même sujet, était celui que l'artiste avait peint pour son noble patron, dans un temps où il avait besoin de force pour boire le calice amer de l'adversité. Quant au *saint George* et au *saint Michel*, ce sont des peintures triomphales, dans la pleine acception du mot, et elles sont exécutées avec une verve à laquelle le cœur n'a pas moins de part que l'imagination. L'allusion à la récente délivrance du pays est facile à saisir, surtout dans le saint Michel dont la victoire sur le monstre, symbole du mal, est rendue avec une perfection qui fait de cette miniature un des plus précieux chefs-d'œuvre du maître. L'impression qu'elle produit est encore renforcée par les emprunts qu'il a faits à l'*Enfer* de Dante et qui lui ont fourni, pour l'arrière-plan des scènes accessoires dont le sens était très-clair pour les victimes des scélérats qui y étaient dénoncés.

Tels étaient les titres que Raphaël avait acquis, en 1504, à la bienveillance de son souverain. Deux ans s'étaient écoulés, depuis cette époque, et l'aspect de la cour d'Urbin avait bien changé.

Pour comprendre le profit qu'il retira du séjour

qu'il fit alors dans cette ville, il faut savoir en quoi cette cour se distinguait de toutes les autres cours d'Italie et même d'Europe, sans excepter celle du roi de France. Le duc Guidobaldo, contraint par ses infirmités précoces de renoncer aux violents exercices de la guerre et de la chasse, avait cherché dans les jouissances les plus délicates de l'esprit et du cœur, une consolation que la solidité de son éducation lui permettait de goûter dans toute sa plénitude. A l'intelligence des poémes d'Homère et de Virgile, dont il aimait à réciter de longs fragments, il joignait celle de l'art, dans ses produits antiques et modernes, et l'on pouvait dire de lui qu'aucune forme de l'idéal ne lui était étrangère. Familiarisé avec l'idéal ascétique par l'école Ombrienne qui avait eu sa racine et sa première floraison dans ses États, il offrait en lui-même et dans plusieurs membres de sa famille, des types plus ou moins accomplis d'idéal chevaleresque en donnant à ce mot toute l'extension dont il est susceptible, c'est-à-dire en y comprenant la triple notion d'héroïsme militaire, de culture intellectuelle et de galanterie respectueuse.

On peut dire que jamais ces trois éléments ne furent aussi complétement représentés qu'à l'époque où Raphaël, âgé seulement de vingt-trois ans, fut admis à cette cour privilégiée où la science et l'éloquence déployaient à l'envi leurs trésors, non pas pour charmer les ennuis d'un prince malade, mais pour l'instruire et le fortifier, en élevant son esprit et celui de l'assistance à la contemplation de quelque vérité sublime, tantôt sur les traces de Dante, tantôt sur celles de Platon dont Bembo était l'interprète le plus compéten*, et le plus goûté, surtout quand il s'agissait de développer la thèse inépuisable de la beauté angélique et de l'amour divin, par opposition à la beauté corporelle et à l'amour terrestre. Il faut voir dans le *Courtisan* de Balthazar Castiglione, l'essor, plus que poétique, que prenaient parfois ces entretiens également accessibles à l'intelligence des deux sexes, et donnant à leurs relations réciproques un genre de charme que n'avait pas connu la chevalerie du moyen âge. Il est vrai que les femmes de cette cour étaient douées de qualités exceptionnelles. A quoi il faut ajouter qu'elles étaient toutes ou filles, ou épouses, ou veuves de héros, et les plus tristes n'étaient pas les moins attrayantes.

Celle qui attirait le plus l'admiration et le respect, par son esprit et son caractère, autant que par sa beauté, était la duchesse Élisabeth, issue de la dynastie guerrière de Gonzague, qu'elle ne démentait pas, et puisant dans la pratique des vertus les plus difficiles de son état un genre de courage qui n'était pas héréditaire. Aussi son ascendant était-il irrésistible. Elle avait dans Émilia Pia, veuve d'Antoine de Montefeltro, une compagne à la fois sérieuse et spirituelle dont Bembo a loué la grande âme, la prudence exquise et la piété. D'autres dames de sa famille et de celle du duc, parmi lesquelles il ne faut pas oublier Jeanne de la Rovère, contribuaient, les unes par leur beauté, les autres par leurs talents ou par le charme de leur esprit, à donner à la cour d'Urbin un éclat que les Médicis, avec toutes leurs richesses, pouvaient justement lui envier.

Ils pouvaient lui envier plus justement encore son aristocratie militaire si supérieure, à tous égards, à l'aristocratie marchande et financière de Florence. Quelle bonne fortune pour Raphaël, que ce contact avec des hommes qui, réalisant, à des degrés divers, l'idéal chevaleresque, lui fournissaient un moyen d'initiation si propre à exciter sa verve ou à la réchauffer, si elle en avait eu besoin ! Les plus récents exploits des guerriers qu'il avait devant lui avaient été accomplis dans la guerre de délivrance contre César Borgia, c'est-à-dire dans une espèce de croisade contre un ennemi de Dieu et des hommes, et c'est à la suite d'une pareille campagne que l'idéal héroïque brille dans toute sa splendeur. Le guerrier qui l'a faite a une attitude bien autrement digne et bien autrement fière que celui qui a combattu pour une fantaisie dynastique ou pour un débouché commercial.

Le duc Guidubaldo, maintenant condamné à l'inaction, avait été l'un des plus ardents parmi ces libérateurs, et son neveu François-Marie de la Rovere, dont il avait fait son héritier présomptif, avait déjà montré et devait montrer encore plus tard avec quelle terrible promptitude sa susceptibilité sur le point d'honneur faisait sortir son épée du fourreau. César Gonzague, sans être moins brave, avait moins de fougue, et la solidité de son caractère, jointe à la

culture avancée de son esprit, donnait de lui des espérances que sa mort prématurée ne lui laissa pas le
temps de realiser. La même destinée attendait Gas-
paro Pallavicino et Roberto da Bari, ses émules de
bravoure et de gloire, et moissonnés, comme lui, à
la fleur de l'âge. Ils assistaient aux savants entretiens
de cette cour, comme Xénophon à ceux de Socrate,
toujours avec une arrière-pensée militaire. Il en était
de même d'André Doria, d'Octavien Frégose qui fut
plus tard duc de Gênes, d'Alexandre Trivulce qui
mourut au service de François Ier. Ce n'était pas
Bembo qui était l'oracle de ceux-là, c'était bien plutôt Balthazar Castiglione, l'élégant historiographe de
ce qu'on pourrait appeler *les grands jours* de la cour
d'Urbin et le plus illustre entre tous les patrons de
Raphaël. Si riche qu'ait été le seizième siècle en illustrations de tout genre, je ne crois pas qu'il ait produit un autre personnage aussi *accompli* que celui-là,
en prenant ce mot dans son acception la moins superficielle. Doué d'une souplesse d'esprit qui s'éten-
dait quelquefois jusqu'au caractère, il avait des expé-
dients pour les difficultés les plus imprévues, et son
regard pénétrant n'était jamais troublé par les complications auxquelles donnaient lieu les suspicions et
les rivalités de tous ces petits États entre eux. Aussi
ses services diplomatiques furent-ils très-recherchés,
non-seulement par les cours d'Urbin et de Mantoue
entre lesquelles se partageaient ses premières affections, mais aussi par Léon X qui appréciait mieux
que personne sa finesse et sa discrétion. Il appréciait

aussi ses qualités intellectuelles, à la fois brillantes et solides, son gout passionné ponr les arts et les lettres, sa prédilection pour ceux qui lui apprenaient à en jouir, et la noblesse séduisante de ses manières; mais tout cela réuni ne constituait pas l'idéal chevar leresque dont nous avons parlé plus haut et qu'il réalisait bien mieux à Urbin; car là, l'empreinte la plus saillante était l'empreinte militaire, mais sans effacer ni même affaiblir celle du diplomate, de l'homme de goût ou de l'homme de cour, et sans nuire en rien à sa galanterie respectueuse vis-à-vis de la belle Raffaella, dame d'honneur de la duchesse et particulièrement admirée par lui.

L'art, sous ses différentes formes, avait aussi sa place dans les récréations et les instructions de cette cou- à la fois sérieuse et enjouée. Le musicien Bernardo Accolti, l'une des merveilles de son siècle et plus tard secrétaire intime de Léon X, ravissait cet auditoire d'élite par la magie de ses chants improvisés; la question de prééminence entre la sculpture et la peinture se discutait tantôt avec calme, tantôt avec une vivacité qui attirait au savant Lodovico da Canossa le reproche d'une partialité trop manifeste pour son protégé Raphaël, *comme si les ouvrages sortis de sa main avaient surpassé tout ce qui avait été exécuté en marbre*. L'interlocuteur qui faisait cette innocente allusion à la rivalité naissante entre le grand sculpteur florentin et le grand peintre ombrien, était Balthazar Castiglione lui-même en qui ce dernier devait trouver bientôt son plus fanatique admirateur.

Si le séjour de Raphaël à Urbin se prolongea jusqu'à l'automne de cette année 1506, il y fut témoin d'un spectacle qui dut agir puissamment sur sa jeune imagination. Il vit l'entrée triomphale de Jules II, avec son cortége plus militaire que sacerdotal ; il vit la pompe moitié religieuse et moitié classique déployée par le gonfalonier de la Sainte Église en l'honneur de son seigneur suzerain : des arcs de triomphe chargés d'emblêmes, des processions avec des bannières, puis des statues et des trophées empruntés à des bas-reliefs antiques, enfin trois jours de fête à la cour, durant lesquels un prince aussi intelligent que Guidubaldo ne put manquer de faire valoir les personnages qui en faisaient la principale décoration ; et le génie de Raphaël avait déjà trop grandi pour passer inaperçu. On se souvenait que, pendant le séjour qu'il avait fait à Urbin, en 1504, il avait peint un petit tableau symbolique représentant saint Georges aux prises avec le dragon. Ce souvenir et sans doute aussi celui du succès qu'il avait obtenu, suggérèrent au duc la pensée de faire reproduire le même sujet par le même artiste pour le roi d'Angleterre qui venait de lui envoyer les insignes de l'ordre de Saint-Georges, et Balthazar Castiglione fut chargé d'aller porter à Londres les compliments de gratitude du nouveau chevalier, en y joignant plusieurs présents magnifiques parmi lesquels figurait le petit chef-d'œuvre dont il est ici question et qui, après bien des vicissitudes, a passé dans la galerie de Saint-Pétersbourg.

De tous les ouvrages exécutés alors par Raphaël, celui-là est le seul dont la destinée ne soit pas ignorée; mais les deux petites madones dont parle Vasari et dont il vante l'extrême beauté, ont disparu depuis longtemps, et les conjectures auxquelles le texte du biographe a donné lieu, sont trop peu satisfaisantes, pour qu'on puisse se flatter de pouvoir fonder sur elles des désignations définitives.

La même fatalité a poursuivi tous les portraits qu'il peignit, à la même époque, pour la famille ducale, portraits que leur valeur historique rendrait aujourd'hui doublement précieux ; car il y avait matière à de belles inspirations dans celui du duc et plus encore dans celui de la duchesse sur lequel Castiglione composa plus tard deux sonnets dont la destination n'est pas douteuse. Parmi les nombreux admirateurs que procurèrent à Raphaël ses qualités attrayantes jointes à un rare talent dûment apprécié, il y en eut sans doute plusieurs qui eurent la même fantaisie ; mais on n'en trouva aucune trace dans les documents contemporains, excepté pour un petit portrait à la pierre noire, qui est également perdu, et qui représentait Bembo à l'âge où l'exubérance de sa verve juvénile faisait les délices d'une cour avide d'émotions poétiques.

Pour juger du succès avec lequel Raphaël cultivait alors cette branche intéressante de son art, il ne nous reste que son propre portrait, conservé dans la galerie des Uffizi, à Florence, non pas comme un dédommagement, mais plutôt comme une aggravation du regret causé par la perte des trois autres qui devaient combiner un reste de naïveté ombrienne avec un certain progrès scientifique joint à une intelligence plus sûre des caractères. C'était surtout sous ce dernier rapport que la cour d'Urbin avait été pour lui une excellente école d'où il emporta des impressions vivaces qui se changèrent en inspirations, quand il voulut plus tard immortaliser, par son pinceau, plusieurs des personnages qu'il y avait connus.

Du palais de Guidubaldo à la solitude de Vallombrosa, la transition n'était pas aussi brusque qu'on pourrait le croire. C'était l'idéal sous deux formes différentes, mais nullement opposées. On aimerait à savoir à quelle impulsion Raphaël obéissait en s'acheminant à travers ces montagnes, avec sa gloire nouvellement acquise, et si les deux têtes de moines qu'il peignit dans le monastère et qu'on voit aujourd'hui à l'Académie de Florence, étaient un tribut de reconnaissance pour leur hospitalité ou de vénération pour leur sainteté, l'expression et la direction du regard, dans l'un et dans l'autre, semblent indiquer un objet d'adoration intense et simultanée, et rappellent les compositions favorites de l'école dont il était sorti.

Ce fut probablement pendant son dernier séjour à Urbin et pour complaire à quelque admirateur de l'art antique, qu'il conçut l'idée de reproduire, en se réglant sur ces impressions personnelles, le fameux groupe des *Trois Grâces* qui avait exercé sur son imagination un genre de séduction tout nouveau pour lui. Depuis son départ de Sienne, il n'avait fait aucun usage du dessin qu'il en avait tracé et qui se trouve aujourd'hui dans la collection de l'Académie de Venise ; mais quand sa bonne étoile l'eut mis en contact avec les savants de la cour d'Urbin, il put être initié au point de vue sous lequel ils envisageaient cette découverte non moins intéressante pour eux que pour les artistes, à cause du rôle qu'Aristote assignait à cette composition dans le culte national des Hellènes. Après les commentaires de la science archéologique étaient venus les commentaires de la numismatique et l'on voyait le groupe des *Trois Grâces* gravé sur le revers des médailles avec des variations curieuses dans les attributs que le graveur ou le dessinateur donnait à chacune d'elles.

Raphaël se crut aussi le droit de donner son interprétation, et il le fit avec un succès qui dut dépasser les espérances de ses admirateurs et les siennes ; car c'était la première fois qu'il s'aventurait sur le terrain de la mythologie, terrain si délicat pour une imagination naïve comme la sienne. Aussi ne s'est-il pas assujetti à reproduire les types qu'il avait devant lui, et, malgré le respect superstitieux dont ils étaient l'objet, il s'est permis de leur substituer les siens. Surtout il a rejeté la notion des érudits qui voulaient voir, dans une de ces trois figures l'image symbolique de la volupté [1]. Il a donné à chacune

---

1. Sur une médaille de Pic de la Mirandole, les trois Grâces sont *Amor, Pulchritado, Voluptas.* — Sur une médaille de Gio-

d'elles une expression moins vague, parce que, sous
ce rapport, la peinture est plus exigeante que la
sculpture, et c'est aussi en vue de l'effet pittoresque
qu'il leur a mis des pommes d'or dans la main et
des chaînes de corail dans les cheveux.

Son retour à Florence fut signalé par deux productions qui prouvèrent qu'en se rapprochant du
berceau de ses traditions, il avait puisé des forces
pour soutenir la formidable concurrence qui l'attendait ; car Michel-Ange venait de terminer son fameux
carton des *Baigneurs*. Raphaël, stimulé par l'émulation, résolut de faire aussi son carton, et il s'y prépara par des études préliminaires si variées et si mi-
nutieuses, qu'on peut regarder le tableau qui en fut
le fruit, comme son œuvre de prédilection dans cette
première période de sa carrière. Ce tableau, commandé par la famille Baglioni dont le chef venait de
délivrer Pérouse, est sans contredit le plus pathétique qui ait été composé sur le même sujet, du moins
dans les limites prescrites par les exigences esthétiques de l'art. Il représente le Christ mis au tombeau
sous les yeux de la Vierge et des saintes femmes qui
la soutiennent, et il y a dans tous les détails de cette
scène douloureuse, un accent qui devait remuer profondément les âmes, quand ce chef-d'œuvre était à
sa place dans l'église des Franciscains. Seulement on
courait risque d'être distrait de sa méditation par

vanna Albizzi, le même groupe s'appelle *Amor*, *Pulchritudo*,
Castitas.

l'incomparable beauté des trois petites figures en grisaille représentant, sur *la predella*, les trois vertus théologales et surpassant tout ce que l'école Ombrienne a produit de plus parfait en ce genre.

L'autre production, marquée du même caractère et accusant des inspirations puisées à la même source, est *la Sainte Catherine* de la Galerie nationale de Londres, travaillée peut-être avec moins de soin que *la Mise au tombeau*, mais couvrant, sous une trompeuse légèreté d'exécution, une profondeur de sentiment qui transporte le spectateur, presque à son insu, dans les régions de l'idéal, et laisse le champ libre aux conjectures sur la destination primitive de cette admirable production.

Ce genre de mérite ne se trouve plus, du moins au même degré, dans les autres tableaux que Raphaël peignit pendant ce dernier séjour à Florence. *La Sainte Famille* de la maison Canigiani, qu'on voit aujourd'hui à la Pinacothèque de Munich, a été trop maltraitée par le temps et par des restaurations successives, pour pouvoir être appréciée à sa juste valeur. Les dégâts du restaurateur ont été tels, qu'on a dû faire disparaître entièrement les deux groupes d'anges que l'artiste avait placés dans la partie supérieure du tableau, comme pour tempérer la sévérité du groupe principal. Il est impossible de n'être pas frappé de la différence qui existe entre les tableaux que Raphaël peignait alors pour les Florentins, et ceux qu'il peignait pour ses compatriotes habitués à s'agenouiller devant les ouvrages de sa première jeunesse. Il y avait quelque chose de bien touchant dans cette espèce de mouvement rétrograde, pour retrouver la naïveté de ses inspirations ombriennes, et c'est surtout à ce titre que *la Mise au tombeau* et *la Sainte Catherine* sont pour nous des productions intéressantes. Ce qu'il faisait pour les Florentins avait plutôt pour but de flatter leur amour-propre par la possession d'un trésor admiré d'avance, ou de leur procurer des jouissances esthétiques où la piété proprement dite entrait pour peu de chose. C'était encore le culte du beau, mais ce n'était plus cet idéal religieux qui avait exalté les imaginations en épurant les âmes, et je crois que *la Vierge à l'œillet*, *la Vierge au linge* du musée du Louvre, *la Vierge* du palais Nicolini et *la Vierge* du palais Colonna, exécutées toutes vers cette même époque, peuvent légitimement être soupçonnées de n'avoir jamais été traitées comme des images de dévotion, ce qui n'empêche pas de leur appliquer, en toute justice, la qualification de chefs-d'œuvre.

Mais c'est à peine si on ose les appeler des *Madones*, surtout les deux dernières. Dans celle du palais Nicolini, on ne voit guère que le profil de la Vierge, et l'enfant Jésus non-seulement n'a rien de divin dans ses traits ou dans son expression, mais son sourire, tout gracieux qu'il est, n'est pas exempt d'une certaine afféterie que l'artiste aurait su éviter, s'il avait travaillé pour une église ou même pour un oratoire.

Le tableau du palais Colonna accuse, dans toutes ses parties une exécution rapide et comme un jeu de l'imagination de l'artiste. Ici ce n'est plus l'humble fille de Bethléem, mais une jeune mère plus belle que naïve en qui la noblesse de ses traits, l'élégance de sa coiffure et l'or dont ses vêtements sont ornés, semblent signaler une héritière de race royale qui a conscience du précieux héritage qu'elle transmet. Le livre qu'elle tient dans la main droite ne lui a révélé aucun mystère de douleur et il n'y a pas une ombre de mélancolie dans le regard qu'elle fixe sur son joyeux enfant.

Plus Raphaël prolongeait son séjour à Florence, plus il s'efforçait de mériter, par des progrès bien constatés, l'admiration croissante dont il était l'objet. Le temps n'était pas encore venu pour lui d'entrer en lice avec Michel-Ange; mais il avait déjà tiré parti des affinités secrètes qui existaient entre son génie et celui de Léonard, et l'échange de services auquel avait donné lieu sa liaison avec Fra Bartolommeo, commençait à porter ses fruits pour l'un et pour l'autre.

Nous avons signalé ailleurs les progrès dont cette amitié fut la source pour l'artiste dominicain, et nous en avons trouvé la preuve dans ses dessins originaux dont plusieurs semblent avoir été tracés sous l'inspiration immédiate de Raphaël. Le grand tableau que ce dernier peignit pour l'autel de la famille Dei, dans l'église de San-Spirito, et qui est connu sous le nom de *Vierge au baldaquin*, présente le rapport inverse, c'est-à-dire qu'au premier aspect, on pourrait le prendre pour un ouvrage de Fra Bartolommeo, tant

les parties accessoires et surtout le style des draperies rappellent la manière du peintre dominicain ;
mais la ressemblance se borne là, et la supériorité du
maître ombrien se reconnaît sans peine dans l'expression des têtes, dans le type idéal de la Vierge et surtout dans les deux anges qui soulèvent le rideau du
baldaquin. Malheureusement l'artiste n'eut pas le
temps de terminer son œuvre avant son départ pour
Rome, et ce ne fut pas le plus digne de ses élèves
qui fut chargé plus tard d'y mettre la dernière
main.

Le choix fut plus heureux pour *la Belle jardinière*
dont la draperie n'était pas entièrement terminée. Ce
fut à son ami Ridolfo Ghirlandaio, dont il avait fait
presque un peintre ombrien, que Raphaël confia
cette tâche délicate qui demandait, de la part du continuateur, identité de touche et de goût. Aussi l'harmonie des tons est-elle parfaitement intacte. Quant à
la poésie du tableau, elle jaillit, pour ainsi dire, non-
seulement de l'ensemble de la composition, mais des
moindres détails de pose et de geste, et des nuances
si bien ménagées dans l'expression, virginale ou enfantine, des physionomies. C'est une ravissante scène
de famille ou plutôt une idylle qui remue délicieuse-
ment l'âme ; mais il y a, dans cette grâce caressante
et dans cette tendresse expansive, une dissonnance
qui ne peut être supprimée que par l'oubli du mystère douloureux dont la croix du petit saint Jean est
l'emblème. La même louange et la même critique
s'appliquent, avec quelques modifications, au petit

tableau de la galerie du prince Esterhazy. Tout inachevé qu'il est, c'est un trésor, ou, pour parler plus juste, c'est une relique, mais une relique bien précieuse.

Pendant que Raphaël travaillait successivement ou simultanément à ces divers ouvrages, ses espérances grandissaient avec ses succès, d'autant plus qu'elles étaient fondées sur le même patronage qui l'avait si bien servi quatre années auparavant, je veux dire le patronage de la famille ducale d'Urbin, de Giovanna della Rovere, sœur du duc, qui pouvait, en le recommandant au gonfalonier de Florence, procurer à son protégé l'honneur de devenir le collaborateur de Léonard et de Michel-Ange, pour la décoration intérieure du *Palazzo Vecchio* [1].

Cette perspective, jointe à celle de travailler bientôt pour le roi de France, était pour Raphaël comme un sourire de la fortune, qui ne trompa son attente que pour l'acheminer vers une destinée bien autrement brillante. Au lieu de déployer à Florence les trésors que récélait son inépuisable génie, il alla les déployer à Rome, sur le théâtre le plus propre à donner à ses facultés tout l'essor dont elles étaient susceptibles. C'était un bonheur qu'il n'avait même pas osé rêver ; car il n'y fait pas la moindre allusion dans la lettre pleine d'effusion qu'il écrivait à son oncle Ciarla, le 21 avril 1508, et qui commençait par l'aveu

---

1. La lettre attribuée à Giovanna della Rovere paraît avoir été une pure fabrication.

des larmes que lui avait fait verser la nouvelle de la mort du duc d'Urbin, enlevé, dans toute la force de l'âge, à l'amour de sa famille et de ses sujets. Mais son successeur François-Marie, qui ne répudiait rien de l'héritage de son père, se souvint sans doute de l'admiration dont Raphaël avait été l'objet pendant son dernier séjour à Urbin, et tout autorise à croire que ce fut surtout l'intervention du jeune duc qui prépara l'accomplissement des grandes destinées réservées au fondateur de l'école romaine.

Il faut donc se le figurer faisant joyeusement ses adieux à Florence, et s'acheminant vers Rome, le cœur plein de reconnaissance pour ceux qui lui procuraient cette fortune inespérée et tempérant sa joie par la pensée du deuil dans lequel étaient plongés ses bienfaiteurs; car son voyage ou du moins ses préparatifs de départ durent coïncider approximativement avec les funérailles de Guidubaldo, lesquelles ne furent célébrées que trois semaines après sa mort; et ce n'est pas dans un cœur comme celui de Raphaël que les rêves de l'ambition pouvaient affaiblir les liens qui l'attachaient à cette famille. Si les occasions lui avaient manqué jusqu'alors pour montrer, d'une manière éclatante, le prix qu'il attachait à ce patronage héréditaire, il put se dédommager amplement pendant les premières années de son séjour dans la capitale du monde chrétien; car le nouveau duc, en sa qualité de préfet de Rome et de neveu de Jules II, y vint à plusieurs reprises, d'abord dans l'automne de 1508 pour la revue de l'armée pontificale, ensuite pour le carnaval de 1510, c'est-à-dire pendant que Raphaël peignait ses premières fresques du Vatican, dans lesquelles il immortalisait, à sa manière, le représentant de sa dynastie favorite.

Nous avons déjà parlé ailleurs de l'homme extraordinaire qui, sous le nom de Jules II, occupait alors le trône pontifical, et nous avons signalé l'affinité qui existait entre ce pontife et Michel-Ange, chargé par lui de travaux qui demandaient des inspirations d'un tout autre genre que les inspirations ombriennes. Jamais l'histoire de l'art, soit ancien, soit moderne, n'offrit un pareil spectacle pour la grandeur des rivaux, ni pour les difficultés du patronage entre deux tendances qui semblaient s'exclure réciproquement. C'est la gloire de Jules de la Rovère d'avoir résolu ce problème et d'avoir tracé à ces deux astres l'orbite que chacun d'eux était appelé à parcourir. C'était aussi pour lui une gloire, mais d'un autre genre, d'avoir résolûment signifié à son maître des cérémonies qu'il ne voulait pas habiter l'appartement Borgia, souillé par le souvenir d'Alexandre VI ; et cette détermination fut en outre un grand bonheur, car elle eut pour résultat de faire confier à Raphaël, comme inauguration de son ère nouvelle, la décoration des chambres de l'étage supérieur. Il commença par la chambre dite della Segnatura, qui lui offrait, tant à la voûte que sur les quatre murs, une surface passablement étendue. Il y traça cette composition appelée *la Dispute du Saint-Sacrement*, composition sans rivale dans l'histoire de la peinture, et l'on pourrait ajouter sans nom ; car c'est peu de chose de l'appeler lyrique ou épique, à moins qu'on n'ait en vue dans cette comparaison l'épopée allégorique de Dante, la seule qui soit digne d'être mise en regard avec le poëme du même genre qu'exécuta le pinceau de Raphaël.

Et qu'on ne prenne pas ceci pour une formule oiseuse d'éloge emphatique ; car c'est Raphaël lui-même qui fait entrer de force ce rapprochement dans l'esprit du spectateur : il a placé l'image de Dante parmi les plus chers nourrissons des Muses et parmi les plus éloquents défenseurs de la foi, et, ce qui est plus décisif encore, il a donné à la figure allégorique de la Théologie le même costume sous lequel Dante a représenté Béatrix, le voile blanc, la tunique rouge et le manteau vert, avec la couronne d'olivier sur la tête. Cette figure est accompagnée de deux anges aux ailes de feu sur lesquelles on lit ces mots : *Divinarum rerum notitia*, et en même temps elle montre du doigt la fresque où se trouve représenté ce qu'il y a de plus grand parmi les choses divines.

Dans la gloire qui en forme la partie supérieure, les trois personnes de la Trinité sont représentées au milieu des patriarches, des apôtres et des saints : c'est en quelque sorte un résumé de toutes les compositions partielles sorties depuis un siècle de l'école Ombrienne. Un grand nombre de types, et particulièrement ceux du Christ et de la Vierge, sont la répétition presque littérale de ce qu'on trouve dans les premiers ouvrages de Raphaël lui-même. Pour tout ce qui tient à l'expression de la béatitude céleste et de toutes ces choses ineffables dont il est dit que *l'esprit de l'homme ne les a point conçues*. Bien que cela dise assez que le pinceau de l'homme n'est pas fait pour les rendre, néanmoins celui des artistes ombriens, à force de s'être exercé exclusivement sur des sujets mystiques, avait opéré des merveilles en ce genre ; et Raphaël, en les surpassant tous et en se surpassant lui-même, sembla avoir fixé les bornes fatales au delà desquelles l'art chrétien proprement dit ne pourrait plus désormais avancer. Au dessous est représenté le sacrement de l'Eucharistie, c'est-à-dire le lien mystique qui unit le ciel à la terre. Des deux côtés de l'autel sur lequel est exposée la Sainte Hostie, les personnages qui ont le plus honoré l'Église par leur science et leur sainteté sont distribués en divers groupes très-pittoresques et très-animés ; et à la suite de toutes ces illustrations sanctionnées par l'Église et par les siècles, Raphaël a placé hardiment Dante avec sa couronne de laurier, et plus hardiment encore, le moine Savonarole, brûlé publiquement comme hérétique dix ans auparavant.

Quel que soit le siècle ou l'école où l'on voudra chercher un terme de comparaison pour donner une idée de cette œuvre vraiment merveilleuse, il sera difficile de trouver, dans le domaine de l'art idéal et mystique, quelque chose qui la surpasse. On aura beau critiquer l'emploi trop fréquent du rehaussage d'or et une certaine raideur symétrique qui faisait partie des traditions Ombriennes : tout spectateur préalablement initié aux mystères et aux exigences de l'idéal religieux, donnera la préférence à cette fresque non-seulement sur toutes les autres du même artiste, mais même sur ses tableaux les plus justement admirés, y compris la fameuse *Transfiguration*. C'était l'opinion de Frédéric Schlegel et même celle de Lanzi, et cette opinion n'a rien perdu de sa valeur pour avoir été répudiée par Goethe et par l'historien protestant de Léon X.

Cette grande peinture symbolique n'a pas toujours été interprétée de la même manière. D'après l'interprétation de Bellori, produite pour la première fois en 1695, et adoptée par tous ceux qui depuis ont ajouté leur exégèse à la sienne, Jules II, en traçant son programme à Raphaël, aurait eu la pensée de mettre la théologie chrétienne en opposition avec la philosophie païenne, représentée par l'école d'Athènes, et l'on comprend que ce point de vue était trop ingénieux pour ne pas être favorablement accueilli. Mais il était en désaccord avec l'explication traditionnelle qui remontait jusqu'à Vasari et qui avait été confirmée, du vivant même de cet écrivain, par le graveur Giorgio Ghisi, disciple de Jules Romain. Pour eux et sans doute aussi pour leurs contemporains, la fresque dont il est ici question, avait pour but de montrer le moment où la manifestation de la lumière surnaturelle, par la Trinité résumée dans l'Eucharistie, vient mettre un terme à toutes les controverses et faire succéder la contemplation à la recherche.

Dans cette hypothèse, qui a pour elle la priorté chronologique, et qui, de plus, n'est pas dénuée de vraisemblance intrinsèque, *l'Ecole d'Athènes* aurait aussi une tout autre signification. Selon Vasari, Raphaël a représenté une histoire dans laquelle les théologiens mettent la philosophie et l'astrologie d'accord avec la théologie ; et le biographe, après avoir énuméré les principaux philosophes, joint à leur nom celui de l'apôtre saint Mathieu qui explique des figures astrologiques. D'un autre côté, ce même Giorgio Ghisi qui gravait, en 1552, la composition énigmatique dont nous parlons, et qui avait dû se donner quelque peine pour en pénétrer le sens, y voyait une allusion manifeste à la prédication de saint Paul devant l'Aréopage. Heureusement la jouissance que l'on goûte devant cette œuvre comme devant celle qui lui sert de pendant, n'est nullement compromise par l'ignorance relative à laquelle nous condamnent ces interprétations contradictoires. Ici la question esthétique domine tellement toutes les autres, qu'on a le droit de passer outre, sans manquer au respect qui est dû à l'érudition philologique ou littéraire.

Le spectateur dont les aspirations sont exclusivement tournées vers le beau, et qui veut en jouir sans être troublé par des scrupules d'érudition, s'arrêtera plus volontiers devant la fresque du Parnasse, qui n'est autre chose que la glorification de la poésie, mais de la poésie puisée à sa véritable source, comme l'exprime l'inscription qui accompagne la figure allégorique du plafond : *Numine afflatur*. Cette condition absolue de l'inspiration poétique est ici appliquée aux grands poëtes de la Grèce et de l'Italie, sans distinction d'époque ou de croyances, et l'ordonnance générale de la composition se ressent de l'enthousiasme qu'excitait alors dans les esprits les plus froids la renaissance des lettres antiques, renaissance à laquelle les ouvrages de Dante et de Pétrarque passaient pour avoir donné la première impulsion.

Dante occupe, avec Homère et Virgile, le sommet du Parnasse, et Raphaël, en s'y mettant avec eux, a certainement plus songé à placer son génie sous le patronage du grand poëte florentin que sous celui des deux autres. Dans la fresque du Saint-Sacrement, c'était le théologien que l'artiste avait canonisé à sa manière ; dans celle-ci, c'est le poëte qu'il préconise en le couronnant du laurier poétique et en lui mettant à la main la palme glorieuse qu'il avait douloureusement poursuivie pendant sa carrière terrestre. Sur ce visage sévère à profil étrusque, l'empreinte de la souffrance est encore plus visible que celle du génie, et il faut savoir gré à Raphaël d'avoir pénétré si avant dans les mystères de cette âme noble et torturée, et de lui avoir décerné cette espèce d'apothéose au milieu des Muses et des grands poëtes de l'antiquité, ses précurseurs ou ses guides.

La quatrième fresque, en face du Parnasse, est la moins intéressante de toutes, du moins par la nature du sujet qui n'offrait pas la même richesse de motifs pittoresques et dramatiques; mais le génie de Raphaël a su le féconder et l'agrandir, et la figure allégorique de la Jurisprudence, tracée par lui dans le cintre supérieur, ne le cède à aucune des précédentes sous le rapport de la grandeur et de la majesté. Les attributs qu'il lui a donnés, la tête de Méduse, le lion, le chène, etc., sont ingénieusement combinés, ainsi que ceux des deux vertus auxiliaires de la justice, la Modération et la Force. Au-dessous de ces trois figures, tout le compartiment inférieur est partagé entre le droit civil et le droit canon. D'un côté, c'est l'empereur Justinien, avec ses légistes, couvert du manteau impérial et remettant le Digeste à Tribonien; de l'autre, c'est Grégoire IX, sous les traits de Jules II, et en costume pontifical, publiant les Décrétales. Il va sans dire que les portraits contempoporains y abondent, surtout ceux des dignitaires ecclésiastiques que le sujet semblait inviter de luimême à faire valoir leurs droits à ce genre d'immortalité.

Sous le rapport de l'ordonnance et du caractère, cette composition n'est nullement inférieure aux précédentes; mais il est impossible d'admettre qu'elle leur soit supérieure, bien que la manière du peintre y soit notablement agrandie, et que cet agrandissement, plus marqué dans la chambre de l'Héliodore peinte immédiatement après, soit généralement regardé comme un progrès.

Rien ne pouvait clore plus dignement cette série de

merveilles que le portrait du pontife sous les auspices
duquel elles avaient été enfantées. Je ne parle pas seulement du portrait qu'il plaça dans la quatrième fresque,
mais surtout de celui dont Jules II lui-même fit présent au couvent de Sainte-Marie-du-Peuple où l'ex-
position publique qu'on en faisait dans les jours de
grande fête, semblait ajouter à leur solennité[1]. C'est
à Florence qu'il faut étudier ce portrait, non-seulement comme chef-d'œuvre du maître dans un genre
où il n'avait encore rien produit de pareil, mais aussi
comme commentaire vivant d'un règne sans exemple dans les annales de la papauté. Il faut l'étudier,
non-seulement dans le tableau du palais Pitti, mais
surtout dans le dessin original conservé précieusement au palais Corsini, et quand on se sera bien
rendu compte de tout ce qu'expriment ces yeux, ces
lèvres et ces lignes anguleuses d'un vieillard plus que
septuagénaire, on pourra compléter son impression
en lisant, dans un chroniqueur contemporain, celle
que fit sur lui le même pontife, six ans auparavant,
le jour de son entrée triomphale dans Forli (1506)
dont les habitants ne pouvaient se défendre d'une
curiosité craintive en recevant sa bénédiction[2]. Or

1. On comprend que les copies de ce portrait se soient tant
multipliées. Il y en a à Londres, à Leigh-court, à Berlin, au
palais Borghèse, au palais Torlonia. La meilleure de toutes est
celle de la tribune de Florence.

2. Aveva 66 anni, d'ordinaria statura, di faccia rosseggiante,
d'occhi belli e grandi, di dentatura bianca e uguale, andando
con passi gravi e ritti.

Vasari dit précisément, en parlant du portrait peint par Raphaël, qu'il était si vrai et si vivant qu'on croyait voir le pape lui-même et qu'on en avait peur[1].

De quelque manière qu'on veuille juger le génie et le caractère de ce pontife, le plus fier et le plus énergique entre tous les successeurs de Saint-Pierre, il est une gloire que nul ne saurait lui contester, c'est celle d'avoir fait éclore, par son intelligent patronage, des chefs-d'œuvre d'une telle perfection, qu'ils surpassent tout ce qui a jamais été produit par les peintres anciens et modernes. En même temps que Raphaël achevait sa troisième fresque dans la chambre de la *Segnature*, Michel-Ange découvrait la première moitié des voûtes qu'il avait peintes dans la chapelle Sixtine. C'était le jour de la Toussaint de l'année 1511, et cette coïncidence dut doublement réjouir les âmes privilégiées qui comprenaient les rapports de l'art chrétien avec la sainteté ; car les merveilles qu'on avait devant les yeux n'étaient pas des créations subites, mais la floraison de ce qui avait été semé depuis des siècles.

On comprendra sans peine que Jules II, avec la fougue de son caractère et l'absolutisme de son esprit n'ait pas tenu la balance égale entre les deux rivaux, et qu'il ait eu une prédilection marquée pour les œuvres plus fortes et plus impérieuses de Michel-Ange. Nous avons parlé ailleurs des efforts qu'il fit pour transfor-

1. Vasari, *Vita di Rafaele.*

mer dans ce sens la manière de Raphaël, et de l'importance qu'il attachait à cette transformation, dont le premier fruit fut la fresque de l'Héliodore que le pontife put voir terminée avant que la mort eût fermé ses yeux. (1513) Ici c'est la tendance dramatique qui domine et non plus la tendance mystique ou symbolique. On voit que l'artiste est entré dans une voie nouvelle et qu'il a puisé quelque part des forces ou des lumières nouvelles pour la parcourir.

Entre les influences nouvelles que Raphaël subit alors, celle de Michel-Ange fut extérieurement la plus marquée, mais sans nuire en rien au développement normal des facultés de son imitateur, facultés pour ainsi dire latentes dont l'explosion était déterminée par ce contact et par l'enthousiasme de plus en plus exclusif de ses patrons. C'était au point qu'on regardait Bembo presque comme un hérétique pour avoir osé dire qu'il ne croyait pas Raphaël inférieur à Michel-Ange.

Les partisans de ce dernier préconisaient surtout les prophètes de la chapelle Sixtine, et leur enthousiasme était une espèce de défi qui, à force de se répéter, finit par exciter l'émulation de Raphaël et le faire s'aventurer dans une voie pour laquelle ses pas n'étaient pas encore suffisamment affermis ; je veux parler du prophète Isaïe qu'il peignit alors, c'est-à-dire en 1512, dans l'église de Saint-Augustin. Ici les dates sont importantes pour réfuter l'assertion de Vasari qui veut qu'une première fresque y ait été peinte avant que celles de Michel-Ange eussent été vues par Raphaël, et que ce dernier, peu satisfait de son œuvre, voulut ensuite la refaire dans le goût florentin.

Quoi qu'il en soit de la question de priorité, il est certain que cet ouvrage a été conçu et exécuté sous une influence étrangère qui semble avoir suspendu momentanément la marche progressive de l'artiste. Malgré les qualités incontestables qu'on y trouve encore, il est certain qu'on y cherche vainement cette originalité puissante qu'il venait de déployer dans la chambre de la *Segnature*. Malgré cette infériorité, les admirateurs n'ont pas manqué au prophète Isaïe, et les dégâts que cette peinture avait subis dès 1555, et qui furent plus d'une fois renouvelés par des restaurations maladroites, n'ont pas empêché Louis Crespi de dire, deux siècles plus tard, dans la ferveur de son admiration, que cette peinture, vu la grandeur du style, la hardiesse et la liberté des contours, semblait avoir été tracée par la main de Michel-Ange [1].

Il y eut donc, à cette époque de la carrière de Ra-

---

1. Les premières peintures de cette chambre sont de l'année 1512 et appartiennent encore au pontificat de Jules II, par qui elles furent directement inspirées. Héliodore, miraculeusement chassé du temple, était un sujet qui répondait à la grande préoccupation du fier et belliqueux pontife, préoccupation qui le poursuivit jusque sur son lit de mort, où il s'écriait encore au moment de rendre le dernier soupir : « Loin de l'Italie les Français, loin de l'Italie tous les barbares. »

phaël, je ne dis pas une rupture avec les traditions ombriennes, mais une inauguration tellement prononcée d'une manière nouvelle, que les admirateurs de celle-ci n'ont pas pu toujours s'entendre avec les admirateurs de la première; les uns regardant l'agrandissement des formes comme la première condition du progrès, les autres trouvant, au contraire, que les premiers tableaux de Raphaël devaient avoir plus d'attraits pour les âmes habituellement passives, parce qu'ils les transportent doucement dans un monde d'innocence et de sérénité où règne une paix éternelle.

C'était peut-être la première fois que l'art chrétien allait puiser des inspirations dans le livre des Machabées, et l'on ne comprend pas que l'exemple de Raphaël n'ait pas trouvé d'imitateurs; car assurément ce ne sont ni les grandes scènes dramatiques ni les grandes figures héroïques qui manquent dans ce dernier fragment des annales du peuple juif, et la peinture, en les reproduisant et en les traduisant, pour ainsi dire, dans son langage, aurait le double mérite d'élever les âmes et de montrer, par une sorte de prédication perpétuelle, ce que peut, contre les oppresseurs des consciences, l'énergie des résolutions combinée avec le secours d'en haut.

C'est ce secours surnaturel, dans sa cause et dans ses effets, qui fait le sujet de la première fresque de cette seconde chambre. Ici les opprimés n'emploient encore d'autre arme que la prière, et on croit presque la voir monter toute brûlante vers le ciel, quand

on arrête le regard sur le grand prêtre Onias agenouillé devant l'autel et attirant sur les spoliateurs,
par l'intensité de ses supplications, le châtiment si
admirablement représenté sur le premier plan du
tableau. Il y avait là des difficultés d'exécution avec
lesquelles Raphaël se trouvait aux prises pour la première fois. Grâces aux ressources inépuisables de son
génie, il les a surmontées toutes. Il a su mettre de
l'unité dans un sujet complexe en liant les diverses
parties entre elles avec un art merveilleux, il a re-
vêtu de qualités idéales l'agent céleste qui renverse
Héliodore, et il a montré, dans les raccourcis auxquels donne lieu la pose de cette dernière figure, à
quel point les problèmes les plus compliqués de ce
genre étaient devenus un jeu pour lui. De plus, il a
rivalisé avec les peintres vénitiens pour la vigueur
du coloris et la chaleur des tons, et il s'est montré
l'égal des plus grands maîtres pour l'entente de la
composition historique. Quant à l'anachronisme
qu'on lui a reproché d'avoir commis en introduisant
dans celle-ci, sans aucune liaison avec le sujet, le
portrait de Jules II, dans tout l'appareil de sa dignité
pontificale, on n'a pas besoin d'indulgence pour le
lui pardonner, pour peu qu'on réfléchisse à la signification que l'artiste et le patron voulaient donner à
cette représentation biblique [1].

Le même portrait reparaît encore, non moins heu-

---

1. Outre ce portrait il y en a plusieurs autres, dont le plus
remarquable est celui de Marc-Antoine.

reusement caractérisé, dans la dernière fresque inspirée par le même pontife et désigné sous le nom
de *Messe de Bolsène*. Mais ici sa présence est plus
clairement motivée comme fournissant un supplément
d'autorité infaillible à l'affirmation miraculeuse d'un
dogme plus menacé qu'aucun autre par la révolution
religieuse qui était sur le point d'éclater.

Les deux fresques peintes, dans la même chambre,
sous le pontificat et sous l'inspiration de Léon X,
sont aussi des ouvrages de circonstance qui accusent
le même genre de préoccupations dans le nouveau
patron de Raphaël, avec cette différence que les allusions historiques ont quelque chose de plus per-
sonel. Attila reculant, avec ses hordes, devant le
pape saint Léon et surtout devant l'apparition de
saint Pierre et de saint Paul, telle était la tradition lé-
gendaire que l'artiste avait à représenter avec les modifications suggérées par les exigences de son art et
par celles du patronage.

Dans ce sujet, tout nouveau pour lui, il y avait
des complications de plus d'un genre qui semblaient
incompatibles avec l'unité d'action; l'obstacle qui
arrête le barbare, étant une force purement morale,
ne pouvait s'exprimer que par une sorte d'induction
pittoresque. De plus, le miracle étant l'œuvre simultanée de deux espèces d'agents, le pape et les deux
apôtres, il fallait faire sa part à chacun d'eux dans le
mouvement d'arrêt du roi des Huns et dans le mouvement rétrograde de son armée tout entière. De
plus, il fallait donner l'idée de l'impétuosité de l'in-

vasion et caractériser énergiquement les envahisseurs dans leurs chefs, surtout dans celui que les peuples, dans leur effroi, avaient surnommé le fléau de Dieu.

Un artiste vulgaire aurait résolu le problème en tourmentant son imagination pour lui faire créer des types d'une laideur repoussante. Mais Raphaël était trop pénétré de la dignité de son art pour succomber à une pareille tentation; il ne tint donc nul compte de la tradition qui représentait les Huns comme le fruit monstrueux de l'accouplement des sorcières avec les démons, et au lieu de les peindre avec les traits hideux que leur a donnés Ammien Marcellin [1], il en fait des êtres humains, doués d'une vitalité qui déborde et montés sur des coursiers presqu'aussi indomptables qu'eux-mêmes. Au lieu de demander des inspirations à des légendes dictées par la peur, il les puisa à une source moins suspecte, et, si l'on veut comparer un des bas-reliefs de la colonne Trajane avec le cavalier couvert d'écailles qui accompagne Attila, on reconnaîtra sans peine un de ces guerriers Sarmates subjugués par Trajan et sculptés sur le monument de sa victoire; l'emprunt était d'autant plus légitime, que ces mêmes Sarmates, d'après le témoignage de l'histoire, avaient pris part aux invasions des Huns dans l'Europe occidentale.

Ainsi Raphaël n'avait négligé aucune des études préparatoires qui pouvaient assurer le succès de son œuvre. En même temps qu'il évoquait, à son profit,

1. Hist. Lib. XXXI, cap. II.

les souvenirs historiques les plus inabordables, il s'exerçait, avec le crayon ou avec la plume, à tracer les figures de ces héros fougueux et sauvages, nouveaux venus dans le domaine de l'art, et l'on peut voir dans la bibliothèque ambroisienne un des plus précieux produits de ce genre de préludes.

Ce qu'il y a de plus saisissant dans la fresque d'Attila, c'est le contraste entre les deux forces qui se rencontrent et qui sont en apparence très-inégales, contraste qui est encore relevé par ce cortége imposant de cardinaux et de palefreniers richement et pittoresquement vêtus. Outre l'effet d'ensemble, il y a l'intérêt qu'excite, au double point de vue de l'histoire et de l'art, ce groupe de portraits contemporains. Mais l'intérêt n'est pas le même en voyant saint Léon le Grand apparaître sous les traits de Léon X, dont le caractère et les inspirations se ressentirent toujours des influences dynastiques qui avaient pesé sur lui depuis son enfance. Cette espèce d'identification tenait à la haute idée qu'il avait de son rôle, non pas comme médiateur entre le ciel et la terre, mais comme négociateur habile qui pouvait suppléer aux miracles de la sainteté par les finesses de la diplomatie.

Il ne faut pas oublier qu'à cette époque la grande préoccupation pontificale, sous Léon X comme sous Jules II, avait été l'expulsion des Français de toute l'Italie, et que ce résultat tant désiré avait été momentanément obtenu, en 1513, par les armes victorieuses des Suisses devenus les alliés du Saint-Siége.

C'était précisément le souvenir de cette victoire, réputée décisive, qu'il s'agissait de consacrer. Attila, c'était Louis XII dont les soldats étaient représentés par les hordes féroces qui n'épargnaient rien sur leur passage; et saint Léon était Léon X qui tenait à figurer sur le premier plan de cette représentation allégorique; car il est relégué au second, avec tout son cortége, dans la gravure de Marc-Antoine, exécutée sur un premier dessin de Raphaël, et l'on devine sans peine par quelle volonté ce changement était imposé.

Cette politique à outrance vis-à-vis du roi très-chrétien dura jusqu'à la bataille de Marignan, et elle entretint, partout où prévalait l'influence des Médicis, une animosité anti-gallicane à laquelle les arts comme les lettres étaient tenus de payer leur tribut. Ce fut ainsi qu'on fit peindre à Raphaël *la Délivrance miraculeuse de saint Pierre*, en commémoration de la délivrance ou plutôt de l'évasion réputée miraculeuse de Léon X, fait prisonnier par les Français à la bataille de Ravenne où il se trouvait pacifiquement comme légat du Saint-Siége. Les exigences d'une surface restreinte et irrégulière ont été si bien éludées par l'artiste qu'elles ont tourné au profit de la composition qui est à la fois simple et grandiose. La tête de saint Pierre endormi n'est point en désaccord avec l'idée qu'on se fait du prince des apôtres, malgré les dégâts que cette partie de la fresque a souferts, et la figure de l'ange libérateur est en parfaite harmonie avec son rôle. L'occasion était belle pour faire parade d'érudition archéologique en donnant aux soldats chargés de la garde du prisonnier, des armures antiques; mais on préféra les revêtir du costume militaire du seizième siècle, afin de mieux faire comprendre qu'il s'agit de commémorer un événement contemporain.

On est presque ébloui de la lumière qui émane du messager céleste et qui fait briller les cuirasses des gardiens d'un si vif éclat que, suivant l'expression de Vasari, on les croirait polies plutôt que peintes. C'était la première fois que l'artiste abordait ce genre de difficulté technique, et son coup d'essai était d'autant plus hardi, qu'il y avait, dans le problème à résoudre, double et triple complication. Outre la lumière surnaturelle de l'ange, il y avait la lumière plus opaque des torches, et la lumière lointaine de la lune avec ses pâles reflets. Tout cela est rendu avec une supériorité magistrale dont l'Italie n'avait pas encore vu d'exemple et avec une sobriété d'effets de laquelle il résulte que rien d'essentiel n'est sacrifié à cette fantasmagorie pittoresque.

Plus nous avançons dans l'appréciation des fresques de Raphaël au Vatican, plus nous y remarquons la main de plus en plus lourde des collaborateurs qu'il s'était donnés. Cette collaboration est à peine perceptible dans la chambre de la *Segnature*, et à mesure qu'il agrandit sa manière dans la chambre de l'Héliodore, les coups de pinceaux étrangers viennent troubler de plus en plus et l'harmonie des tons et la jouissance du spectateur. Et cependant tout cela

n'est rien auprès de la surprise pénible qui nou;
attend dans la chambre de Charlemagne. Mais nous
devons d'abord passer en revue les principaux travaux exécutés par Raphaël en dehors du Vatican,
pendant la période si féconde et si glorieuse que
son génie vient de parcourir.

L'un des premiers ouvrages qu'il dut exécuter
après son arrivée à Rome, fut son propre portrait
pour Francesco Francia, à qui il envoya en même
temps un dessin représentant l'Adoration des bergers. C'était une espèce de dédommagement pour
une composition antérieure sur le même sujet, à laquelle il trouvait que son ami avait donné trop d'é-
loges. La lettre qui accompagnait ce double envoi
prouve que l'artiste avait dès lors la conscience des
progrès qu'il avait faits, dans une certaine direction ;
mais elle prouve aussi que les traditions ombriennes
étaient loin d'avoir perdu leur empire sur sa jeune
imagination.

On peut assigner approximativement la même date
à la Madone du duc d'Albe qui, dans la série des
Vierges de Raphaël, peut être considérée comme
une sorte de transition entre sa seconde et sa troisième manière. Sous le rapport de la grâce et de
l'harmonie, comme sous celui de la correction du
dessin et de l'exquise délicatesse des formes, cette
production ne laisse assurément rien à désirer ; mais
il serait difficile d'y signaler le moindre progrès
sous le rapport de l'inspiration religieuse proprement dite ; non pas que l'artiste eût perdu la puis-

sance de s'élever dans la région de l'idéal pour y chercher ses types, mais il ne faut pas oublier que la plupart de ses admirateurs, au lieu de lui demander, comme cela se pratiquait au quinzième siècle, une madone ou une sainte devant laquelle ils pussent méditer et prier avec ferveur, voulaient plutôt avoir de lui, sous la dénomination de Saintes Familles, des compositions auxquelles le contraste des âges, la naïveté de l'enfance, la variété des émotions maternelles et surtout cette beauté des formes où excellait Raphaël, donneraient le genre de charme par lequel ses contemporains aimaient à se laisser captiver.

Il faut ranger dans cette catégorie *le Réveil de l'enfant,* dans le musée de Naples *la Madone de la Tenda* et *la Vierge du palais Tempi* dans la Pinacothèque de Munich, *la Madone de Lorette* dont l'original est perdu et qu'on exposait périodiquement dans l'église de Sainte-Marie du Peuple, pour ajouter à la solennité des grandes fêtes, *la Vision du prophète Ezéchiel,* dans le palais Pitti, *la Vierge de la galerie d'Orléans,* aujourd'hui en Angleterre, *la Vierge de lord Cowper, la Vierge Aldobrandini* qui orne aujourd'hui le musée de Londres, enfin le chef-d'œuvre connu et universellement admiré sous le nom de *Vierge à la chaise,* et dans lequel on voit apparaître pour la première fois cet enfant divin que nous retrouverons plus majestueux encore dans la Madone de Saint-Sixte. Mais aucun de ces tableaux n'égale en importance, du moins au point de vue du

culte, *la Madone de Foligno, la Vierge au poisson,*
et *la sainte Cécile de Bologne.*

Pour juger de l'importance que Raphaël attachait
à la première, il faut voir, parmi les gravures de
Marc-Antoine, celles qui se rapportent à cette composition marquée du même caractère triomphal que
la Madone de Saint-Sixte. Il est impossible de n'être
pas frappé de cette analogie. Peut-être faut-il en chercher la raison dans la destination toute privilégiée de
cette splendide image de dévotion, car c'était sur le
Capitole même et au maître-autel de la belle église
d'Araceli, qu'elle devait être exposée à la pieuse contemplation des uns, à la fervente admiration des autres. Aussi l'artiste y versa-t-il à pleines mains les richesses nouvellement acquises de son coloris, et ce
progrès se remarque encore aujourd'hui tant dans
l'effet général que dans le ton des chairs, malgré les
dégâts inséparables des pérégrinations et des opérations auxquelles ce tableau a été soumis. Le progrès
n'est pas aussi marqué dans le type de la Madone,
bien qu'elle soit resplendissante de beauté ; mais
cette beauté n'a rien d'idéal, pas plus que celle de
l'enfant Jésus. Ce qu'il y a de plus divin dans cette
composition, c'est l'ange de la partie centrale qui
lève ses beaux yeux vers la gloire céleste. Ceux de saint
François sont fixés dans la même direction avec cette
expression extatique si familière à l'école Ombrienne
et dont la réminiscence était encore un supplément
d'inspiration pour Raphaël. Entre cette extase du men-
diant d'Assise et l'adoration si fervente du donataire

agenouillé, les nuances sont très-habilement ménagées, et cette dernière figure est si admirablement caractérisée, que, si on la détachait du tableau, elle suffirait à elle seule pour constituer un chef-d'œuvre.

La Vierge au poisson est sans contredit une des œuvres les plus parfaites qu'ait produites le pinceau de Raphaël. Rien n'y manque ni sous le rapport de l'exécution technique, ni sous le rapport des inspirations, qui accusent décidément des réminiscences ombriennes. Outre le mérite de la grâce exquise, dans les personnages respectifs, selon leur âge et selon leur rôle, ce tableau a, sur beaucoup d'autres, l'avantage incontesté d'être entièrement de la main du maître, ce qui explique l'harmonie si pure qui se reflète jusque dans les moindres détails. Il y avait aussi une source de pieuse inspiration dans sa destination primitive; car il fut peint pour l'église des Dominicains à Naples, et placé dans une chapelle spéciale où ceux qui étaient affligés ou menacés de la perte de la vue, venaient implorer la même grâce que l'ange avait obtenue pour le père du jeune Tobie.

La Sainte Cécile de Bologne, à laquelle l'artiste dut travailler à plusieurs reprises, de 1512 à 1515, avait aussi une destination qui était faite pour l'inspirer, vu les circonstances extraordinaires qui avaient donné lieu à cette commande. Une noble Bolonaise, Elena Duglioni, qui fut plus tard béatifiée, s'était crue obligée, par suite d'une vision surnaturelle, de consacrer une chapelle à sainte Cécile dans l'église de *San-Giovanni in monte*, l'une des plus riches de Bologne. Ce fut sur cette donnée mystique que Raphaël eut à peindre un tableau pour la décoration de cette chapelle. Au lieu de se borner, d'après la tradition ombrienne, à ranger symétriquement des figures accessoires autour d'une figure centrale, il tira un heureux parti des attributions de la sainte comme patronne de la musique terrestre, au-dessus de laquelle on voit planer, comme contraste et comme source d'inspirations, un chœur d'anges qui lui font entendre les accords d'une musique céleste et la jettent dans une extase qui lui fait oublier tout, excepté les joies enivrantes dont cette apparition semble lui donner un avant-goût.

Ce chef-d'œuvre, qui réunit toutes les qualités poétiques et techniques qui constituent la perfection en matière d'art, ne prit sa forme définitive que quand son auteur fut parvenu à réaliser l'idéal qui flottait devant son imagination. Le burin de Marc-Antoine nous a conservé l'un des produits de ce travail préliminaire. L'ordonnance est la même, mais quelle différence entre les types, et combien d'essais intermédiaires cette différence suppose ! Quant au mérite pittoresque proprement dit, il est en tout digne de l'invention, et les contemporains en furent tellement éblouis, qu'à dater de l'apparition de ce tableau Raphaël fut placé sur la même ligne que les deux grands coloristes de son temps, le Corrége et le Titien ! En même temps, les poëtes entonnèrent leurs chants dithyrambiques pour immortaliser l'artiste, son œuvre, et une légende populaire, accréditée par la malignité contemporaine, attribua la mort de Francia, qui survint peu de temps après, à un accès de désespoir dont il aurait été saisi à la vue de cette merveille devant laquelle il sentait que devaient s'éclipser tous les produits de son propre pinceau !

En effet, elle constatait pleinement le progrès qu'il avait fait, tant dans la partie technique que dans la partie poétique de son art. Mais, dans une autre direction, ce progrès avait été balancé par des pertes, et son génie s'était ressenti, aussi bien que son caractère et son cœur, des influences diverses auxquelles il avait été soumis. On comprend qu'avec une imagination comme la sienne, la première vue des hommes et des choses ait produit en lui une sorte d'enivrement qui pouvait avoir ses dangers ; mais il avait, dans le dévouement du vieux Bramante, son compatriote et son parent, un supplément précieux à son inexpérience et un moyen d'initiation immédiate aux mystères d'un art pour lequel son goût allait devenir une véritable passion. Cet art était l'architecture et surtout l'architecture antique, dont les monuments, reconstruits partiellement par une érudition conjecturale, avaient, pour les uns, tout l'intérêt d'une résurrection historique, et, pour les autres, tout le charme d'une création nouvelle.

Nous avons déjà vu comment Raphaël, en peignant les *Trois Grâces*, avait modifié les inspirations qu'il avait puisées dans la sculpture antique à Rome ; il ne pouvait manquer de suivre le même système ou plutôt le même instinct sur une plus grande échelle; mais, pour l'architecture et pour tout ce qui tient à l'ornementation, il avait besoin d'un initiateur familiarisé avec les problèmes difficiles, et sa bonne étoile le servit si bien, qu'elle lui en procura simultanément deux; car, outre Bramante, il avait encore pour maître et pour patron le savant et modeste Balthazar Peruzzi dont les premiers travaux, à Ostie et à Rome, remontaient au pontificat d'Alexandre VI, et que Raphaël avait trouvé occupé à construire la villa d'Augustin Chigi, où il déployait toute sa science de peintre et d'architecte, en attendant qu'un génie plus fécond que le sien y vînt déployer d'autres merveilles que nous apprécierons bientôt.

Avec de pareils instructeurs, non moins riches d'exemples que de préceptes, Raphaël devait remplir rapidement toutes les lacunes de son éducation artistique. D'autres se chargeaient de remplir celles de son éducation littéraire, et la lettre de l'Arioste, citée par Richardson [1], prouve que les savants qu'attirait le patronage pontifical, prêtaient le secours de leur érudition pour l'exécution des peintures symboliques et historiques dont on décorait les chambres du Vatican. L'arrivée de Bembo et de Balthazar Castiglione devait bientôt amener au jeune artiste un renfort d'autant plus précieux, que son cœur et son esprit trouvaient également leur compte dans cette

1. Voir son *Traité de la peinture*, p. 333.

double acquisition. Des préoccupations platoniciennes qui tenaient alors une grande place dans la vie et
dans les écrits de Bembo, donnaient à son commerce
un genre de charme qui ne pouvait manquer de
captiver une âme comme celle de Raphaël. L'auteur
des *Asolani* était devenu l'écrivain le plus populaire
de l'Italie, par suite de la fascination que ce livre
exerçait sur les lecteurs et surtout sur les lectrices.
C'était au point qu'on était tenu de le lire, sous peine
de passer pour un barbare. Or, ce fut précisément
pendant son séjour à Rome que Bembo dut en pu-
blier, en une seule année, quatre éditions successives, tant l'enthousiasme était devenu contagieux [1].
Supposer que Raphaël ne l'ait point partagé, ce serait
méconnaître les tendances naturelles de son esprit
invinciblement entraîné vers l'idéal sous toutes ses
formes; car c'était l'idéal, sous sa forme la plus
attrayante, qui était comme la note dominante de
cette composition si diversement jugée. Il y eut des
panégyristes qui la signalèrent comme un traité de
l'amour platonique et chrétien, et même comme une
prédication qui avait pour but de détacher l'homme
des affections terrestres et de lui apprendre à élever
vers Dieu seul son cœur et ses pensées [2]. L'auteur

---

1. Casa. *Vita P. Bembi.*

2. Il Bembo negli Asolani mostra che amore puo essere
buono e cattivo secondo il fine di colui che ama ; e poi nel fine
platonicamente e cristianamente tratta del vero amore che è il
ragionevole e divino. Direi adunque che questo libro servisse a
dinotare che l'uomo da queste cose terrene levasse l'animo a
Dio e lui solo amasse. Lod. Dolce, *Dialogo dei colori.*

lui-même fit aussi plus tard ses propres commentaires sur son œuvre, mais ce furent des commentaires en action qui prouvèrent que ni lui, ni ses admirateurs ne prenaient au sérieux le platonisme spéculatif dont il s'était fait l'apôtre. Sa liaison avec la belle Morosini coïncide exactement avec son grand succès littéraire comme auteur d'un livre qui semblait être un préservatif contre ce genre de faiblesse. Cette inconséquence, qui était la violation d'un devoir envers le public et envers lui-même, était à peine un scandale ; car les contemporains en parlent comme si elle n'avait scandalisé personne, et il ne paraît pas qu'elle ait nui à son crédit ou à son influence, ni qu'elle ait empêché Raphaël de puiser dans son commerce intime avec lui, les lumières qui pouvaient suppléer à l'insuffisance des siennes. D'ailleurs, Bembo avait, à ses yeux, le mérite d'avoir osé dire tout haut, et presque sans trouver d'écho, que Michel-Ange n'était pas supérieur à son rival. Cette opinion était inadmissible à la cour de Jules II ; mais elle était fondée sur des sympathies profondes et sur une sorte d'harmonie préétablie entre le peintre et le poëte, tel que ce dernier apparaît dans ses lettres et dans ses sonnets.

Des sympathies du même genre, mais qui n'ont pas laissé les mêmes traces, durent s'établir entre Raphaël et l'Arioste dont l'ardente imagination préludait déjà, par des jets intermittents, à la vaste éruption poétique qui, sous le nom de *Roland Furieux*, devait bientôt projeter d'un bout à l'autre de l'Italie des torrents de lave éblouissante, mêlés de beaucoup de scories. Mais il était difficile de se livrer impunément aux séductions d'un pareil génie, surtout quand il y avait tant d'autres séductions qui convergeaient à la fois sur le point le plus vulnérable.

Dès avant son départ de Florence, on entrevoit, dans le cœur de Raphaël, les premiers indices d'une sourde fermentation qui, au premier contact, prendra la consistance et la violence d'une passion, et qu'il ne pourra satisfaire qu'aux dépens des inspirations auxquelles il a dû ses premiers succès. Il demanda à son ami de Pérouse, Domenico Alfani, pour lequel il avait fait un dessin de Sainte Famille, de lui envoyer en retour les chansons composées par Ricciardo dans ses transports d'amour; puis nous le voyons, à peine arrivé à Rome, se faire l'interprète poétique de ses propre sentiments, et l'on a trouvé, dans ses dessins originaux, les esquisses de ses sonnets mêlés aux esquisses de sa première fresque dans la chambre de la Segnature, comme si deux préoccupations très-disparates s'étaient disputé son imagination ou son cœur. Le ton n'est pas celui d'un nourrisson des Muses qui badine avec son sujet, encore moins celui d'un praticien voluptueux qui calcule la modulation de ses soupirs; c'est l'expression naïve et même incorrecte d'un sentiment sérieux qui, au lieu de chercher des allusions ou des invocations dans la littérature païenne, se nourrit et s'exalte par des réminiscences que les lecteurs des poésies érotiques de ce temps-là devaient regarder comme bien innocentes;

car le peintre-poëte, non content de chanter les beaux yeux de sa bien-aimée, la neige et les roses de son teint, la douceur de sa voix, chantait aussi *l'honnêteté de ses mœurs ;* et, pour donner une idée du trouble que tous ces charmes réunis avaient jeté dans son esprit, il se comparait, sans aucune arrière-pensée profane, à l'apôtre saint Paul à qui ses visions dans le troisième ciel avaient fait perdre la conscience de lui-même.

Cet état mitoyen entre l'extase et la passion remonte à l'année 1509, quand Raphaël peignait, avec une verve presque mystique, la dispute du Saint-Sacrement. L'année suivante fut marquée par deux événements d'une grande importance dans son histoire : l'arrivée du graveur Marc-Antoine et la conquéte du patronage d'Augustin Chigi.

On ne peut pas se flatter de bien connaître Raphaël, si on ignore les produits auxquels donna lieu l'alliance de son crayon avec le burin de Marc-Antoine. Celui-ci ne venait pas à Rome pour y faire son apprentissage, il l'avait déjà fait doublement à Bologne et à Venise, sous deux maîtres de qualités bien opposées dont la résultante constitua son talent spécial. L'un était Francesco Francia, qui lui enseignait la grâce des contours ombriens, l'autre était Albert Dürer dont il essaya de s'approprier les qualités énergiques en reproduisant sur le cuivre ses gravures sur bois qui commençaient à exciter l'attention des artistes italiens et particulièrement de Raphaël, le plus empressé de tous à rendre hommage au génie du maître allemand avec lequel il continua d'entretenir les relations les plus amicales.

Il y avait donc pour lui autant de profit que de jouissance dans l'acquisition d'un auxiliaire comme Marc-Antoine qui, outre le mérite d'avoir étudié sous Francia, en avait un autre presque aussi grand à ses yeux, celui d'être épris de l'art antique au point d'avoir été chanté par un poëte bolonais de son temps comme un artiste qui marchait sur *les saintes traces* des Grecs et des Romains[1]. Cet éloge, qui lui fut décerné en 1504, quand il avait à peine vingt-cinq ans et avant qu'il connût Albert Dürer, prouve qu'outre les nielles de son maître Francia, il gravait des sujets de son propre choix empruntés de préférence à l'antiquité mythologique ou classique, d'où il faut conclure que la part d'invention ne lui a pas été faite assez large dans les désignations conjecturales dont ses gravures ont été l'objet. Francia était porté invinciblement vers des sujets tout différents, et il ne dut pas pousser la déférence jusqu'à sacrifier son goût à celui de son disciple dont l'émancipation dut être précoce. Souvent il livrait à son burin les dessins sur lesquels il composait ensuite ses tableaux religieux, comme il le fit pour le baptême du Christ qu'on voit à la galerie de Dresde et dont le dessin original, attribué à un auteur inconnu, se retrouve parmi les gravures de Marc-Antoine. On pourrait appliquer la

---

1. Ce poëte s'appelait Achillini, et son portrait se trouve parmi les gravures de Marc-Antoine, sous le nom du *Joueur de guitare*. Bartsch, n° 469.

même remarque à d'autres compositions, si leur dispersion ne rendait pas la comparaison presque impossible.

Il faut donc voir dans Marc-Antoine, au moment où il se fit le traducteur et le propagateur des œuvres de Raphaël, un artiste dont le génie, à la fois ferme et gracieux, avait été préparé par un triple apprentissage au brillant rôle subalterne qu'il allait jouer, mais qui demandait encore des modifications techniques sans lesquelles son but ne pouvait pas être atteint. Il fallait qu'il se dépouillât entièrement de la sécheresse et de la roideur qui avaient caractérisé ses premières estampes, et qu'il ne se laissât pas trop séduire par les aspérités tudesques qui voilaient souvent l'originalité d'Albert Dürer.

Tous ces progrès se firent rapidement sous la direction d'un guide personnellement intéressé à leur résultat, et qui retouchait souvent, de sa propre main, les contours imparfaits tracés sur la planche de cuivre. De là des relations réciproques qui durèrent autant que la vie de Raphaël et firent éclore d'autres chefs-d'œuvre d'une telle perfection, qu'on ne peut pas se figurer que le prestige de la couleur puisse y ajouter quelque chose, tant le graveur a su tirer parti des ressources propres de son art, sans jamais empiéter sur le domaine de la peinture pour remplir ce que d'autres auraient regardé comme des lacunes ; on voit que son but était de simplifier le modelé des figures pour ajouter à leur noblesse et de sacrifier les menus détails aux grandes lignes, pour faire illusion sur la largeur des plans principaux. Quant à l'expression, on dirait qu'il y fait participer toutes les courbes du corps et presque tous les plis des draperies, en redoublant, pour ainsi dire, son intensité dans la tête, comme siége des caractères. En un mot, on peut dire qu'entre les mains de Marc-Antoine, la gravure s'est approprié la plus haute qualité de la peinture, qui est le style[1].

Ce n'est pas assez d'apprécier la valeur intrinsèque de ses œuvres, il faut encore savoir, au moins approximativement, l'ordre dans lequel il les fit paraître et leurs rapports avec les modifications successives que nous remarquons dans celles de Raphaël. Ce parallélisme, dont les biographes n'ont pas assez tenu compte, ne se retrouve dans l'histoire d'aucun autre peintre, et l'on est étonné que l'aspect nouveau sous lequel il présente celui dont nous parlons, ait été si complétement passé sous silence.

Quand Raphaël exécutait ses premiers dessins pour le burin de Marc-Antoine, le souvenir de Francia avait dû se combiner avec d'autres réminiscences pour raviver ses inspirations ombriennes dont la persistance est si bien marquée dans la lettre qu'il lui écrivait de Rome en 1508, et dans l'éloge qu'il y faisait des vierges de son ami, *les plus saintes, les plus belles et les plus parfaites qu'il eût jamais vues*. Il ne serait même pas impossible que le sujet des premiè-

---

1. Voir dans la *Gazette des Beaux-Arts* de septembre 1863 l'excellent travail de M. Charles Blanc sur Marc-Antoine et son œuvre.

res gravures exécutées sous ses yeux, lui eût été suggéré par ce même Francia qui avait aussi dessiné, mais sans vocation, un *Jugement de Páris* et une *Lucrèce* que le poignard seul dont elle était armée, empêchait de prendre pour une sainte en extase.

Le temps de ces sortes de naïvetés était passé pour Raphaël. Le séjour de deux ans qu'il venait de faire à Rome avait achevé de le familiariser avec l'art antique, dont les chefs-d'œuvre, récemment exhumés, avaient exercé sur son imagination leur légitime influence. Je dis légitime, parce qu'en présence des monuments, plastiques ou autres, qu'il admirait le plus, il se réservait toujours un droit de réaction, grâce auquel son originalité fut rarement compromise. Elle le fut moins que jamais à l'époque où il fit graver ses premiers dessins dont la date coïncide avec ses premières fresques dans le Vatican. Pour deviner cette coïncidence, il suffirait de comparer la *Fresque du Parnasse* avec le *Jugement de Páris*. Dans l'une et dans l'autre, il y a, si l'on veut, un reflet de cette grâce hellénique dont les ouvrages de Praxitèle furent la dernière expression ; mais il n'y a pas la moindre trace d'imitation servile, et l'artiste annonce déjà cette indépendance systématique dont il ne se départira jamais dans le choix de ses types, ce qui ne l'empêchera pas de se pénétrer, de plus en plus, de l'esprit de l'antiquité dans ses manifestations symboliques, esthétiques, historiques et religieuses. Comme il a bien rendu l'idéal de la matrone romaine à la fois chaste et fière, dans cette figure si noble et si pathétique de Lucrèce se donnant la mort, pour ne pas survivre à son déshonneur !

Le *Martyre de sainte Félicité* est, à tous les points de vue, une des plus belles œuvres de Raphaël, non seulement sous le rapport du sentiment et de l'intérêt dramatique, mais aussi sous le rapport du goût et de l'ordonnance. Il y avait, dans cette immolation de la mère avec ses enfants, une telle accumulation de barbaries et de dépouilles sanglantes, qu'il était difficile de n'en pas surcharger le drame par respect même pour la légende que la dévotion populaire ne permettait pas de mutiler. C'était un sujet tout nou-veau pour l'artiste, mais éminemment ombrien, et l'on entrevoit dans la sainte qui lève les yeux vers le ciel et dans l'ange qui lui apporte la couronne du martyre, des inspirations dont la source n'est pas dou-teuse.

La *Peste des animaux*, d'après la description poé-tique qu'en a laissée Virgile, ressemble tellement à la composition précédente, qu'il est impossible de les séparer l'une de l'autre. C'est le même style, la même manière, la même sobriété de détails mor-tuaires, je dirais presque les mêmes teintes dans la double acception du mot ; car la partie la plus éclai-rée du tableau est celle où deux femmes, dont le costume trahit la vocation, semblent se pencher sympathiquement vers le lit d'un mourant caché dans l'ombre. Mais un dieu Terme, qui domine toute cette scène funèbre, ne tarde pas à dissiper l'il-lusion.

A la même époque doivent appartenir deux petites gravures sous lesquelles semble se cacher un double mystère. Celle qu'on appelle *Vénus sortant du bain* et qui la montre servie par un Amour au regard triste, est évidemment tracée par une main respectueuse qui ne profite pas de la situation pour alléger ou déplacer le voile. L'autre figure, presque enfantine pour les dimensions, mais beaucoup plus sérieuse pour l'expression, a quelque chose de plus mystérieux encore ; on l'appelle *la Méditation*, et comme il n'y a ni emblème, ni pose, ni costume qui puisse aider à éclaircir le mystère, on est obligé de se contenter de cette désignation équivoque.

Deux autres compositions éminemment classiques appartiennent à la même catégorie des œuvres de Marc-Antoine, l'une est *l'Enlèvement d'Hélène*, qu'on disait destinée à servir de pendant au *Jugement de Páris*, bien qu'elle soit d'un goût moins pur et d'une ordonnance beaucoup moins simple ; l'autre est *ce Neptune soulevant les flots*, ou plutôt c'est l'histoire romantique qui commence par cette tempête et finit par la catastrophe de Didon. Les divers épisodes qui précèdent cette catastrophe sont traités à la manière des bas-reliefs antiques et servent d'encadrement à la partie centrale où l'on voit le dieu debout et nu sur son char, dans une attitude qui met ses muscles en relief et trahit l'intention de rivaliser avec Michel-Ange dont Marc-Antoine venait de graver le fameux groupe connu sous le nom des *Grimpeurs*. Toutes ces gravures, ainsi que celle du *Massacre des Innocents*, ne se retrouvant ni dans les tableaux ni dans les fresques de Raphaël, occupent nécessairement, dans son histoire, une place plus importante que celles dont il nous reste à parler, et qui sont surtout intéressantes par la lumière qu'elles jettent quelquefois sur le travail intérieur de l'artiste et sur ce que j'appellerais volontiers ses procédés d'enfantement. Marc-Antoine saisissait la pensée du maître au premier moment de son éclosion, et si cette pensée se complétait ou se réformait ensuite, soit par la réflexion, soit par une vue plus claire de l'idéal, le graveur cessait d'être d'accord avec le peintre. Voilà pourquoi la fresque du Parnasse, dans le Vatican, diffère, à bien des égards, de la reproduction qui en a été faite par la gravure.

Cette comparaison donne le résultat inverse pour la gravure de la Sainte-Cécile, de Bologne, comme pour celle qui représente Adam et Ève dans le paradis terrestre, et qu'on serait tenté de regarder comme le chef-d'œuvre de Marc-Antoine, tant il a su s'identifier avec son modèle, le plus parfait qui se fût offert jusqu'alors à son burin. Cette perfection s'explique par la prédilection manifeste de Raphaël pour ce sujet, le plus idéal des sujets bibliques, à cause de l'essor rétrospectif qu'il donnait à l'imagination dans un monde sur lequel les réalités d'ici-bas n'avaient point de prise. La beauté de la première femme avant sa chute! quel problème pour un artiste qui aurait médité sur les conséquences esthétiques de cette chute! Michel-Ange avait tenté de le résoudre et la critique est obligée de se taire devant sa solution ; mais il en fallait une autre qui, tout en s'inspirant des plus purs monuments antiques pour une certaine grâce innocente de contours et de formes, maintînt la supériorité de l'idéal chrétien, tant pour l'expression que pour le type, réputé primitif. Raphaël a donné trois variantes successives de sa solution ; mais il n'a jamais surpassé celle qui nous a été transmise par le burin de Marc-Antoine, bien que la même figure, telle qu'on la voit dans la seconde voûte des loges, ait été tracée peut-être avec encore plus d'amour.

Raphaël terminait, en 1511, les peintures de la chambre de la *Segnature*, et déjà l'on voit poindre, dans quelques-unes des compositions accessoires, ce qu'on est convenu d'appeler sa seconde manière. Un changement ou, si l'on veut, un progrès analogue se remarque dans les estampes correspondantes de Marc-Antoine, particulièrement dans celle qui représente Alexandre rendant un hommage public au génie d'Homère. Ce poëte, dont aucun buste n'était encore connu et dont Raphaël ignorait complétement la langue, ne pouvait pas lui inspirer le même enthousiasme que Dante et Virgile ; mais il avait compris ce qu'il y avait de grand dans le caractère et dans le génie du héros, et en combinant les données fournies par la numismatique et l'histoire, il est parvenu à réaliser un type qui a satisfait les admirateurs du conquérant macédonien, bien que sa figure, telle qu'il l'a tracée, n'ait rien de militaire que le costume.

et que l'héroïsme soit voilé par une teinte de mélancolie dans l'expression de ses nobles traits.

Le peintre agrandit de plus en plus sa manière dans la chambre de l'Héliodore, et le graveur, continuant de marcher sur ses traces, fait produire à son burin la belle estampe qui a pour sujet Dieu ordonnant à Noé de construire l'arche. Moins d'un an après, on voit paraître, dans les mêmes conditions de style et de relief, la prédication de saint Paul devant l'Aréopage, et le parallélisme entre le graveur et le peintre se poursuit, non sans quelques symptômes de décadence, jusqu'à la dernière phase de leurs carrières respectives, phase plus féconde que les précédentes en reproductions, plus ou moins modifiées, des sculptures antiques. Ces modifications, presque toujours heureuses, s'appliquent à toutes les divinités païennes, même à celles dont les types traditionnels semblaient le plus inamovibles, comme Jupiter, Vénus, Bacchus et même l'Apollon du Belvédère. Mais c'est surtout dans les rangs inférieurs de la hiérarchie mythologique que Raphaël montre l'indépendance et la délicatesse de son goût. Sous son crayon magique, l'immobile cariatide assouplit ses membres et revêt une grâce pudique qui anime sa physionomie dans une juste mesure ; la canéphore devient presque un type de vierge ou de sainte, les faunes et les satyres se dépouillent de leur bestialité repoussante, et le vieux Silène lui-même conserve, dans son appesantissement qui n'a rien d'abject, une sorte de bonhomie qui n'était pas empruntée aux bas-reliefs antiques. Mais ces travaux appartiennent plutôt à la seconde période de son séjour à Rome, et nous avons à signaler d'autres influences importantes qu'il eut à subir avant cette époque.

L'année 1510, date de ses premières relations avec Marc-Antoine, avait aussi été la date de ses premières relations avec Augustin Chigi, à qui Jules II venait de concéder, en signe d'adoption, les armes de sa propre famille, pour le récompenser du zèle intelligent qu'il avait déployé, comme ministre des finances pontificales, durant les guerres dispendieuses où le belliqueux Pontife s'était engagé. Des services analogues, mais plus difficiles à pardonner, avaient été rendus par lui à César Borgia, pour l'aider à conquérir les Romagnes, et, comme ces services avaient rarement été gratuits, le banquier siennois était devenu un des plus riches capitalistes de l'Italie, ce qui, joint à ses qualités personnelles, lui assurait une influence dont on ne peut pas dire qu'il fût indigne ; car, malgré l'abus qu'il en fit quelquefois, on est forcé d'avouer que c'était un homme de goût, sinon dans l'acception la plus pure, du moins dans l'acception la plus libérale de ce mot.

Les prémices de son patronage avaient été pour Balthazar Peruzzi, d'abord parce qu'il était son compatriote, ensuite parce que nul ne s'inspirait plus heureusement que lui de l'esprit des monuments antiques, et il venait d'en donner la preuve dans la construction et dans la décoration de la fameuse villa connue plus tard sous le nom de *Farnésine*, et qui allait revêtir une tout autre parure sous le pinceau de Raphaël. Ce second patronage venait donc naturellement à la suite du premier, et associait au grand architecte un peintre plus grand encore. A ces deux célébrités contemporaines il faut en joindre deux autres d'un genre bien différent, Pierre l'Arétin, entré, à je ne sais quel titre, au service d'Augustin Chigi, et la courtisane Imperia, que sa beauté, sa magnificence, sa verve poétique et son initiation à la littérature classique rendaient l'objet d'une sorte de culte dont l'opulent banquier voulait être le grand prêtre, mais sans nuire aux hommages désintéressés qu'offraient à la moderne Sapho, dans la langue de Pétrarque ou dans celle de Virgile, les savants les moins suspects de la cour pontificale, entre autres l'irréprochable Sadolet qui lui adressait des odes latines, pour éviter le blâme qu'il aurait encouru par l'emploi de la langue vulgaire.

Avec un protecteur aussi puissant qu'Augustin Chigi, il était impossible que l'art ne payât pas son tribut aussi bien que la science et la poésie, et quel artiste remplissait mieux que Raphaël les conditions requises pour faire ressortir, par la magie de ses contours, ce qu'il y avait d'idéal dans cette beauté à laquelle on pardonnait tout, à cause de sa ressemblance avec les plus gracieux produits du ciseau grec. Ce n'était pas assez de fixer ses traits par le pinceau, comme pour une simple mortelle ; il fallait une sorte de consécration monumentale semblable à celle dont tant d'illustres personnages avaient été l'objet dans

la Dispute du Sacrement et dans *l'École d'Athènes.*
Or, Raphaël était précisément occupé de ses études
préliminaires pour la fresque du *Parnasse,* et même
il en avait déjà livré le dessin au burin de Marc-Antoine, qnand l'idole du jour ou plutôt son adorateur
en titre réclama une place pour elle parmi les Muses
qui formaient le cortége d'Apollon. La première idée
du peintre fut d'en faire une Melpomène, et ceux qui
auront vu la figure si belle, si fière et si inspirée
qu'il traça dans cette intention [1], conviendront sans
peine que le procédé d'idéalisation, l'un des plus dé-
licats en matière d'art, n'a jamais été pratiqué avec
plus de succès. Mais on trouva sans doute qu'en la
confondant avec les huit autres sœurs, sans autre attribut distinctif que son masque tragique, on compromettait pour l'avenir le bénéfice de son immortalité, et l'on résolut de sacrifier à cette raison d'État
l'économie de la composition primitive, telle que
nous la voyons dans la gravure de Marc-Antoine,
c'est-à-dire que la Melpomène fut métamorphosée
en Sapho avec sa lyre à ses pieds et son nom
inscrit exceptionnellement au-dessus de sa tête, de
peur que les hommages qui seraient adressés à sa
personne ou à sa mémoire, ne fussent égarés par des
emblèmes équivoques ou par de fausses conjectures.

Il faut que Raphaël ait porté dans cette seconde
combinaison toute la verve qu'il avait montrée dans

---

1. Le dessin de cette figure se trouve dans la collection de
Windsor.

la première ; car le dessin par lequel il voulut préluder à l'opération moins délicate de son pinceau, est un des plus précieux que sa main ait jamais tracés, et il prouve à quel point il tenait à satisfaire son patron par cette scandaleuse glorification sur laquelle la mort allait jeter son voile funèbre ; car la date inscrite sur la fresque dont nous parlons, est aussi la date qui fut inscrite sur la tombe d'Imperia, dans l'église de Saint-Grégoire, et qui resta longtemps gravée dans la mémoire des contemporains, à cause du contraste entre le deuil de ses nombreux admirateurs et le caractère triomphal de la fête que l'église célébrait ce jour là (15 août 1511). Jamais la beauté, même avec la vertu, n'avait été l'objet de pareils hommages depuis l'antiquité païenne. C'était la forme la plus vivante que pût revêtir l'enthousiasme de la Renaissance. Il est vrai que, pour Imperia, la pitié se mêlait à l'admiration et aux regrets ; elle mourait à vingt-six ans, dans l'enivrement trompeur de ses succès, laissant une fille chaste et fière qui, mieux inspirée que la Lucrèce romaine, devait devancer, par une mort volontaire, l'outrage dont on menaçait sa pudeur.

La reconnaissance de Raphaël ne s'en tint pas à cette première apothéose, et quand il peignit, quelques mois plus tard, la fresque de l'*Héliodore* avec le beau groupe de femmes qui en occupe le premier plan, on y distingua sans peine, et peut-être aussi sans scandale, la figure élancée d'Imperia et son profil énergiquement spirituel ; cette commémoration sympathique se renouvelait encore l'année suivante, quand il plaçait parmi les sibylles de *Santa Maria della Pace*, l'image adoucie de la courtisane dont son patron semblait vouloir éterniser la mémoire, et, si *la Galatée* de la Farnésine ne se ressent en rien de cette réminiscence, c'est sans doute parce que Raphaël avait choisi son type dès le commencement de 1511, c'est-à-dire avant la catastrophe dont nous venons de parler.

Le Triomphe de Galatée et les sibylles de *Santa Maria della Pace* étaient deux ouvrages très-différents quant à la destination, puisque l'un était fait pour une maison de plaisance et l'autre pour une chapelle ; mais ils accusaient une source commune d'inspirations moitié païennes et moitié chrétiennes.

Il y avait dans la légende de Galatée un mélange d'éléments qui ne se prêtaient pas tous au procédé d'idéalisation que l'artiste avait en vue. Il commença donc par la rétablir dans sa pureté primitive pour en faire un symbole dont la représentation, s'adressant à la fois au sens esthétique et au sens moral, pût élever l'âme du spectateur en même temps qu'elle enchanterait ses yeux. A travers les ruines qui n'ont épargné presque aucune partie de cette merveilleuse production, la pensée de l'artiste-poëte est encore assez perceptible pour laisser le champ libre à l'admiration, et malgré les injures du temps aggravées par celles des hommes, les formes souples et délicates de Galatée, son élan triomphal par-dessus les Tritons qui l'encombrent, l'expression si pure de son visage et surtout la direction de son regard vers le ciel, produisent encore aujourd'hui une délicieuse impression contre laquelle la critique des détails est impuissante.

Raphaël lui-même, dans la fameuse lettre qu'il écrivait alors à Balthasar Castiglione, nous a mis dans la confidence du travail intérieur par lequel il préludait à la réalisation de son idéal : « Je dirai que, pour « peindre une beauté, j'aurais besoin d'en voir plu- « sieurs, pour choisir la plus belle. Mais les belles « femmes et les bons juges étant rares, je me sers « d'une certaine *idée* qui se présente à mon esprit. « Si cette idée a quelque excellence d'art (*qualche* « *eccellenza d'arte*), c'est ce que j'ignore, bien que « je me sois donné beaucoup de peine pour l'ac- « quérir. »

Les sibylles, peintes également pour Augustin Chigi dans l'église de *Santa Maria della Pace*, sont aussi un produit mixte dans lequel devrait prédominer l'inspiration chrétienne; mais l'artiste, qui avait peut-être à subir les exigences du patronage, s'est plutôt inspiré des statues et des bas-reliefs antiques qui captivaient alors son imagination, et, au lieu d'entrer en lutte avec Michel-Ange, comme il avait fait dans *le prophète Isaïe* et dans les premières peintures des loges, il voulut réaliser, à sa manière, cet idéal de beauté qui avait ravi les Grecs dans les œuvres de Praxitèle, à l'époque où l'art s'était complétement émancipé des traditions religieuses.

Qu'on se figure les quatre sibylles de Raphaël,

dépouillées de leurs vêtements, et on aura devant soi les trois Grâces et une des Parques qui est là sans doute pour servir de contraste. Lors même que l'on exhumerait de quelque ruine jusqu'à présent oubliée, l'un des produits les plus gracieux du pinceau grec dans le siècle le plus riche en ce genre, il serait difficile de trouver quelque chose qui surpassât ces trois figures, soit pour le charme de l'expression, soit pour la grâce des mouvements, soit pour la beauté harmonieuse des lignes et des formes. Toutes ces qualités se retrouvent au même degré dans les quatre archanges distribués si admirablement dans le cintre formé par la voûte, mais plus particulièrement dans celui qui plane au-dessus de la sibylle Tiburtine, la seule qui ne soit pas jeune, et c'est sans doute pour cette raison qu'on n'y reconnaît pas le pinceau du maître.

S'était-il défié de celui de Jules Romain pour une œuvre dans laquelle la grâce devait être la qualité dominante? On serait tenté de le croire en voyant figurer ici comme collaborateur un compatriote de Raphaël, venu d'Urbin à Rome deux ans auparavant (1512), encore tout imbu des traditions ombriennes renforcées par quatre années d'apprentissage à l'école de Francesco Francia dont il avait été le disciple favori. Ce collaborateur était Timoteo Viti, l'âme la plus pure, la plus noble et la plus tendre qu'il y eût dans l'entourage de Raphël. Mais c'était un génie timide, circonscrit par son éducation dans une sphère idéale mais bornée, et qui se trouvait comme dépaysé dans ce grand mouvement artistique dont Rome était alors le théâtre. Cependant son concours ne fut pas inutile à Raphaël dans ses premiers travaux du Vatican, et cette collaboration, plus marquée dans les Sibylles de *Santa Maria della Pace*, aurait sans doute continué jusqu'à la fin, si la grande iniquité du pontificat de Léon X, je veux dire l'expulsion du duc d'Urbin de son fief héréditaire, n'était venu briser tout lien entre Timoteo Viti et la famille de l'usurpateur.

Voilà ce qui explique pourquoi cet artiste si profondément ombrien, ne figure plus, à dater de cette époque, parmi les auxiliaires de Raphaël. Ce fut une perte pour ce dernier à cause des traditions pures que Timoteo représentait encore auprès de lui. Vasari parle de cette collaboration comme ayant été appliquée aux sybilles; mais d'autres ont voulu en reconnaître plus particulièrement la trace dans les prophètes de la partie supérieure, et cette croyance a donné lieu à des comparaisons qui ne pouvaient pas être à son avantage, surtout quand cette première impression n'était pas rectifiée par la vue de ses autres ouvrages, disséminés dans les églises et les couvents de l'Ombrie, sans parler de ceux que la spéculation locale a détournés de leur pieuse destination pour les livrer à des mains étrangères et souvent profanes.

L'année 1515 forme la date la plus mémorable du pontificat de Léon X. A partir de cette époque, l'animosité anti-gallicane qui avait inspiré sa politique extérieure, et dont les arts et les lettres avaient été docilement tributaires, s'évanouit comme par enchantement pour faire place à des relations presque cordiales avec le rival de Charles-Quint. Les conférences de Bologne ont aplani toutes les difficultés. Un concordat, devenu célèbre, a été conclu avec François Ier, moyennant des concessions réciproques où des intérêts dynastiques, artificieusement mêlés aux intérêts du Saint-Siége, vont donner à l'Italie, et même au delà, un spectacle qui ne sera pas toujours édifiant.

Ce revirement subit se fera sentir jusque dans le domaine de l'art. Non-seulement on verra des artistes romains travailler désormais pour le roi de France, mais il y aura, dans les chambres qui font suite à celle de l'Héliodore, des peintures qui donneront un démenti solennel et permanent aux aspirations patriotiques qui ont inspiré la fresque d'Attila, et ce sera encore au génie de Raphaël que sera dévolue cette seconde tâche beaucoup moins attrayante que la première. Aussi le voyons-nous faire la part de plus en plus large à ses collaborateurs, et réserver pour des travaux de son choix ou de son goût cette verve inépuisable qui, à dater de cette époque, ajoutera chaque jour quelque chose à l'enthousiasme de ses admirateurs.

Dans la troisième chambre du Vatican, dite la chambre de Charlemagne, Raphaël trouva encore des inspirations dignes de lui, en peignant l'incendie du *Borgo-Vecchio*, éteint miraculeusement par la

bénédiction du pape Léon IV, vers la moitié du neuvième siècle. C'était encore une allusion historique
à un grand événement contemporain, c'est-à-dire à
une sorte de miracle diplomatique que Léon X croyait
avoir opéré dans les conférences de Bologne en con-
jurant une autre espèce d'incendie qui menaçait de
s'étendre à l'Italie tout entière. Quoi qu'il en soit de
cette interprétation, Raphaël semble surtout s'être
préoccupé des perspectives nouvelles que ce sujet si
éminemment dramatique ouvrait à son imagination.
Aussi reconnaît-on partout, dans l'ensemble et dans
les détails, la hardiesse de ses conceptions, la précision de son dessin, l'habileté de ses contrastes, la
force si heureusement combinée avec la grâce, en un
mot toutes les grandes qualités qu'il avait déployées
dans les compositions précédentes et auxquelles il
eut l'ambition d'ajouter, comme preuve de son progrès, un étalage de science anatomique qui devenait
chaque jour de plus en plus obligatoire.

Jamais Raphaël n'avait eu à traiter un sujet si com-
pliqué; un incendie renforcé par une tempête, des
édifices dévorés par le feu et prêts à s'écrouler, des
hommes et des femmes à peine vêtus fuyant devant
les flammes qui les menacent ou apportant de l'eau,
des mères éperdues implorant Dieu du regard pour
leurs enfants tout tremblants qu'elles tiennent entre
leurs bras, plus loin une foule agenouillée sur les
marches du palais Vatican, attendant avec angoisse
la bénédiction du Pontife, et toute cette scène de terreur encadrée dans des ruines monumentales qui

occupent les parties latérales du premier plan, tel est,
en abrégé, le spectacle à la fois saisissant et imposant
que l'artiste a voulu mettre sous les yeux et dont
l'effet aurait été bien autrement puissant, s'il avait
eu des collaborateurs plus capables de comprendre
et de traduire ses grandes conceptions.

La fresque qui représente la victoire remportée à
Ostie sur les Sarrasins, par l'intervention non moins
miraculeuse du même pape saint Léon, n'est pas précisément une allusion historique comme la précédente. C'est bien encore Léon X qui est en scène sous
la figure du Pontife, et ses traits peu flattés sont trop
faciles à reconnaître. Mais, au lieu de rappeler un
exploit personnel, diplomatique ou autre, l'allusion
rappelle un exploit récent des corsaires barbaresques,
qui, ayant débarqué entre Ostie et Antium, avaient
failli s'emparer de la personne de Léon X et infliger
une honte indélébile à la chrétienté tout entière.
C'était une nouvelle manière de prêcher la croisade
et c'était Raphaël qui était le prédicateur! mais les
jours d'enthousiasme chevaleresque étaient passés et
ne devaient revenir qu'après des épreuves qui n'a-
vaient pas encore commencé. Aussi cet appel ne pro-
duisit-il d'autre effet que de montrer une fois de plus,
et sous un aspect tout nouveau, la grandeur et la
fécondité du génie de son auteur.

Cette composition est en effet une de celles ou
Raphaël a mis le plus de verve guerrière. Malheureusement elle a été presque entièrement repeinte,
et, plus malheureusement encore, les collaborateurs

qu'il avait chargés de l'exécution de ses dessins ne partageaient aucun des sentiments héroïques qu'il s'agissait d'exprimer ou de réveiller. Ils concentraient toute leur habileté disponible sur les portraits des personnages dont ils ambitionnaient le patronage, et l'accumulation toujours croissante de ces figures accessoires dans les ouvrages du maître, fournissait ample matière à la spéculation de ses disciples.

Ce genre d'abus fut poussé bien au delà des limites permises dans la quatrième fresque de cette chambre, représentant la justification du pape Léon III, dans la basilique de Saint-Pierre, devant Charlemagne, ou plutôt le couronnement de cet empereur, dans lequel il est facile de reconnaître le portrait défiguré de François Ier. C'était comme un manifeste de la politique nouvelle inaugurée par Léon X et une allusion plus que transparente au parti qu'il avait déjà pris entre ce prince et son rival Charles-Quint, son concurrent à la couronne impériale. C'était encore un des fruits des conférences de Bologne et des concessions garanties par le concordat; mais c'était aussi un démenti solennel donné à la fresque d'Héliodore et surtout à celle d'Attila; aussi n'y trouve-t-on pas la même verve que dans les précédentes. Outre que les lourdes traces des pinceaux auxiliaires y deviennent de plus en plus saillantes, il y a dans l'ordonnance même du sujet des faiblesses qui étonnent et qui étaient peut-être rendues inévitables par les exigences du patronage; car il est impossible d'admettre que l'artiste ait, de son plein gré, surchargé sa composition de cette quantité de portraits qui troublent l'harmonie des lignes, mais parmi lesquels un œil exercé reconnaîtra sans peine ceux qui ont été tracés par la main du maître. De ce nombre est celui du jeune Hippolyte de Médicis, représentant un page agenouillé qui tient la couronne lombarde derrière l'empereur, dont le sceptre est surmonté d'une fleur de lis. L'allégorie ne pouvait être plus claire. C'était comme une dernière sanction donnée au pacte conclu entre les deux dynasties.

Il ne restait plus à peindre que la salle de Constantin, et cette fois-ci les peintures projetées devaient être exclusivement consacrées à la glorification du premier empereur chrétien, sans aucun mélange d'allusions politiques ou dynastiques. Mais les tâches dont l'artiste était surchargé lui permirent à peine de commencer celle-là, qui fut achevée par ses élèves après sa mort. Malheureusement pour lui et pour nous, ils en achevèrent beaucoup d'autres de son vivant, et désormais ce ne sera plus seulement dans les parties accessoires que nous aurons à signaler les traces de leurs pinceaux.

Cette collaboration a déparé plusieurs tableaux de Raphaël, qui sont au musée de Madrid, l'un des plus riches de toute l'Europe en ouvrages de sa main. Mais toutes ces richesses ne sont pas de bon aloi. Si la petite *Sainte Famille* de l'Escurial, *la Vierge au poisson* et le *Spasimo* remplissent l'âme du spectateur de la plus douce émotion, il n'en est pas de même des autres ouvrages du même maître qui servent d'accompagnement à ceux-là et qui appartiennent tous à la dernière période de sa carrière. Il y a là une *Sainte Famille* peinte originairement pour le duc de Mantoue et qu'on ose à peine critiquer, à cause de la fameuse exclamation de Philippe IV : « Celle-ci sera ma perle! » Or cette prétendue perle, indubitablement dessinée par Raphaël, a été livrée ensuite aux mains de son élève comme à celles d'un exécuteur, et la grâce que le maître avait su répandre sur cette scène de famille, a été considérablement altérée par la dureté du pinceau de Jules Romain, particulièrement dans le ton du paysage et dans les demi-teintes de la carnation.

Une autre Sainte Famille du même style, désignée sous le nom de *Vierge à la rose*, remplit tout aussi peu que la précédente les conditions d'une image de dévotion ; mais on ne peut nier que le dessin ne soit tout entier de la main de Raphaël, bien que la finesse des contours ainsi que l'harmonie des couleurs soient à peine appréciables sous la couche épaisse de vernis qui les recouvre.

La Sainte Famille de l'*Agnus Dei*, plus grande que les deux autres, est également une copie d'élève, savoir, de Luca Penni, dont le pinceau avait plus de souplesse que celui de Jules Romain, mais qui ne l'égalait pas comme dessinateur. C'est à cette infériorité qu'il faut imputer la roideur de la figure de la Vierge et le contraste qu'elle présente avec la grâce inimitable des deux enfants.

Philippe IV n'était pas moins fier de l'acquisition

du tableau de *la Visitation*, et je conviens qu'on ne saurait imaginer un dessin plus magistral que celui de ces deux figures qui se rencontrent si harmonieusement; mais, au risque de produire une dissonance dans le concert d'éloges dont cette œuvre savante a été l'objet, j'avouerai qu'il y a quelque chose, dans son ensemble, qui ne permet pas au spectateur d'éprouver, en la contemplant, une impression analogue à celle que produirait sur lui la lecture du récit évangélique.

Si Raphaël, dans le tableau de *la Visitation*, a poussé trop loin le naturalisme, il a péché par un autre excès dans celui de *la Vierge aux ruines*, qui est également à Madrid. Ici c'est le culte de l'antique qui domine toutes les autres inspirations, et l'artiste ne s'est pas contenté de lui assigner le second plan ; le premier plan est également envahi par des débris d'édifices dans lesquels on reconnaît fragmentairement l'application des préceptes de Vitruve. L'enfant Jésus est assis sur un fragment d'architrave, son pied pose sur un fragment de chapiteau, et saint Joseph, au lieu de compléter le groupe, semble se perdre, avec une lampe à la main, sous de sombres voûtes délabrées qui menacent de s'écrouler sur sa tête. Cette composition bizarre, sortie indubitablement de l'école de Raphaël, est un des monuments les plus curieux de la renaissance classique.

La Vierge au candélabre, qui a passé de la galerie du duc de Lucques en Angleterre, dut être conçue sous l'empire des mêmes préoccupations. C'est un type dans lequel la noblesse de la forme et la perfection du modelé n'excluent pas une certaine roideur qui semble accuser, je ne dis pas une imitation, mais une sorte d'obsession de quelque figure antique, produit récent d'une de ces excavations dont Raphaël avait alors l'intendance. Quant à l'enfant Jésus et aux deux anges qui l'accompagnent, ils portent l'empreinte si manifeste d'un pinceau inférieur, que le nom de Jules Romain se présente naturellement à la pensée.

C'est toujours ce même nom sinistre qui reparaît, toutes les fois que les admirateurs intelligents de Raphaël, placés devant une de ses œuvres, éprouvent un genre d'impression mixte qui ne répond pas à leur attente. Cette dissonance ne leur est épargnée dans presque aucune des grandes collections européennes, pas même dans la Tribune de Florence, où les yeux sont obligés de passer, sans transition, de *la Vierge au chardonneret* à *Saint Jean-Baptiste dans le désert*, de même qu'au palais Pitti, il faut subir la Vierge si peu attrayante de *l'Impannata*, pour arriver à *la Madone du grand-duc*.

Heureusement nous pouvons opposer à toutes ces défaillances ou, si l'on aime mieux, à toutes ces intermittences, plusieurs ouvrages dont Raphaël se réserva presque exclusivement l'exécution et qui prouvent qu'à l'époque dont nous parlons, son génie n'avait rien perdu, ni en élévation, ni en profondeur. Je veux parler du *Spasimo* de Sicile, de *la Madone de Saint-Sixte*, des cartons de tapisseries et de *la Transfiguration*.

Le *Spasimo* de Sicile, ou *Portement de Croix*, peint en 1517 pour l'église des Olivétains de Palerme, et acquis par Philippe IV au prix d'une rente annuelle de mille écus, est de tous les trésors d'art qui ornent le Musée de Madrid, celui dont les Espagnols sont le plus fiers, et l'on est obligé de convenir que, de tous les tableaux de Raphaël, c'est celui qui approche le plus des fresques du Vatican, tant pour le mouvement dramatique à la fois si intense et si réglé, que pour le caractère grandiose de la composition. Malgré les mésaventures qu'il a essuyées sur terre et sur mer, malgré les restaurations partielles qu'il a dû subir, ce tableau est mieux conservé que beaucoup d'autres qui n'ont pas changé de place, et le coloris a très-peu perdu de sa vigueur et de son harmonie primitives ; l'expression, renforcée par des contrastes habilement ménagés, n'a jamais été portée si loin dans aucune représentation antérieure du même sujet, et jamais les divers personnages qui figurent dans cette scene si émouvante, n'ont été si bien caractérisés, ni si bien mis en relief. Le mélange de la souffrance et de la pitié dans le regard du Christ, quand il s'affaisse sous sa croix et qu'il dit aux filles de Jérusalem de ne pas pleurer sur lui, donne à cette partie du tableau une force d'attraction qui semble avoir été calculée pour provoquer un élan d'amour ou de contrition, ou bien encore pour mettre une âme méditative en harmonie avec le deuil de la semaine sainte. Il faut se souvenir pour qui cette scène pathétique avait été tracée par l'artiste qui donnait ici une preuve de plus de la puissance qu'il avait, au plus fort de ses études sur l'antique, d'évoquer des inspirations rétrospectives. La donnée fondamentale de son œuvre était fournie par le nom même que portait l'église à laquelle elle était destinée : *Santa Maria dello Spasimo.*

La Madone de Saint-Sixte avait une destination encore plus relevée ; car il s'agissait non plus d'une image de dévotion, mais d'une sorte de transfiguration, exprimée par ce que l'art du peintre avait de plus immatériel, c'est-à-dire par un idéal de formes et de couleurs qui répondît à la sublimité de sa conception. Or, jamais toutes ces conditions n'ont été si admirablement remplies. Non-seulement le surnaturel absorbe, pour ainsi dire, tous les attributs d'humanité dans la Vierge et dans l'enfant, mais il y a dans tout l'ensemble, quelque chose qui fait l'effet d'une vision céleste, de sorte que la première impression est presque toujours une sorte d'éblouissement.

C'étaient les Bénédictins du couvent de Saint-Sixte à Plaisance, qui avaient voulu avoir ce tableau pour décorer leur église et aussi pour ajouter à la solennité de la procession annuelle qui se faisait en l'honneur de leur patron ; car cette destination est mise hors de doute par l'ordonnance même de la composition, le geste de saint Sixte ne pouvant se rapporter qu'à la foule des fidèles ou des moines qui sont censés marcher à la suite. Ce n'est donc pas seulement un tableau d'autel, mais c'est bien plutôt une bannière que l'artiste a eue en vue dans l'accomplissement de cette tâche pour laquelle il n'a voulu recourir ni à ses auxiliaires habituels, ni même à des études préparatoires, comme s'il s'était senti doué d'une vertu d'improvisation en traitant le sujet favori de cette école ombrienne où il avait puisé ses plus pures inspirations.

Quand on a devant les yeux *la Vierge de Saint-Sixte*, on ne peut se défendre d'une certaine rancune contre ceux qui empêchaient alors son auteur de produire d'autres merveilles du même genre, et qui donnaient à son génie essentiellement créateur une direction qui éparpillait ses forces sur des travaux restés pour la plupart stériles. Déjà, par un bref du 27 août 1515, Léon X avait nommé Raphaël *intendant supérieur* de toutes les fouilles qui se feraient à Rome et dans les environs, de sorte que son goût naturel pour l'antique, déjà ravivé par son commerce intime avec les poëtes et les érudits de la cour pontificale, devint bientôt une véritable passion qui l'empêcha plus d'une fois de mettre la dernière main à des œuvres plus importantes et rendit nécessaire la collaboration d'artistes incapables de l'interpréter ou même de le comprendre. Voilà pourquoi les peintures des loges restèrent inachevées ainsi que celles de *la Farnésine* et de *la Salle de Constantin* dans le Vatican. Heureusement il n'en a pas été de même pour les cartons des tapisseries de la chapelle Sixtine, lesquels étaient entièrement terminés en 1518. Ici se présente une nouvelle série de créations merveilleuses qui occupent une place tout à fait à part dans l'histoire de l'art chrétien, et qui donnent le démenti à toutes les inductions qu'on serait tenté de tirer de certains indices qui ressemblent à des symptômes de décadence.

Les tapisseries pour lesquelles on demandait des dessins à Raphaël devaient compléter la décoration de la chapelle Sixtine et correspondre aux sujets tirés de l'ancien et du nouveau Testament, que le pape Sixte IV y avait fait peindre par les meilleurs artistes de son temps. Cela seul eût suffi pour enflammer d'émulation leur continuateur; mais à ce premier mobile s'en joignait un autre bien autrement puissant ; c'était l'idée de la comparaison qu'on ne manquerait pas de faire entre les compositions de Raphaël et celles qu'avait tracées Michel-Ange à la voûte de la même chapelle.

L'occasion était belle pour prendre sa revanche de l'échec qu'il avait essuyé en peignant le prophète *Isaïe* dans l'église de Saint-Augustin. Les Actes des apôtres étaient une mine dont aucune école n'avait encore soupçonné la richesse, et l'exemple donné par Masaccio, dans la chapelle du Carmine, n'avait pas trouvé d'imitateurs. La tâche eût donc été très-attrayante en elle-même, indépendamment de tout autre mobile; mais combien ne l'était-elle pas davantage, quand il s'agissait de compléter la décoration de cette chapelle Sixtine où Sixte IV avait employé les meilleurs artistes de son temps, et dont Michel-Ange semblait avoir pris possession exclusive comme d'un trône qui n'admettait pas de concurrence.

La concurrence, en effet, ne paraissait pas formidable, vu que l'ouvrage projeté appartenait plutôt, suivant l'opinion commune, au domaine de l'industrie qu'au domaine de l'art. Mais Raphaël, en traçant ses cartons, ne perdit pas un instant de vue les rapports qui existeraient entre son œuvre et celle de Michel-Ange, ni la comparaison à laquelle ce voisinage donnerait lieu, comparaison qu'il fallait rendre moins désavantageuse par des artifices techniques dont le succès n'était garanti par aucune expérience préalable. Il fallait d'abord éviter les inconvénients que devait produire l'épaisseur des fils dans les figures de trop petites dimensions, et contraindre, pour ainsi dire, l'ouvrier à conserver, dans la tapisserie, l'expression et les formes du dessin original, en lui donnant pour modèles des figures de grandeur plus que naturelle, et en le dirigeant avec une précision minutieuse, jusque dans l'application mécanique des couleurs ainsi que dans la distribution des ombres et des lumières.

Une précaution plus importante encore était celle de simplifier autant que possible les compositions comme première condition du caractère de grandeur qu'il importait de leur imprimer devant les fresques de Michel-Ange. Cette même simplicité, modifiée par la diversité des mouvements et des poses, devait se trouver dans le style des draperies qui sont traitées

avec un goût qu'on ne saurait trop admirer, non-seulement dans les grandes masses, mais jusque dans les
moindres détails; en un mot, il fallait traduire dignement, dans la langue de l'art, les exploits surnatu-
rels des deux apôtres qui avaient inauguré l'apostolat
chrétien dans l'ancien monde.

Sur les quatre cartons qui se rapportent à l'histoire de saint Pierre, il y en a un qui semble avoir
été pour l'artiste l'objet d'une prédilection toute par-
tigulière; c'est celui qui représente *la Pêche miraculeuse* et qui a eu le privilége d'être gravé avec quelques variantes, par Marc-Antoine, sans doute parce
qu'il montrait, plus qu'aucun des autres, l'empreinte
de la main du maître. En effet, on n'y trouve point
celle de ses collaborateurs ordinaires, à l'exception
de Jean d'Udine, qui a peint les poissons et surtout les
cigognes avec toute l'exactitude d'un artiste flamand.
Mais le regard ne s'arrête ni à ces détails pittoresques,
ni même aux belles lignes que forme le paysage avec
le lac; l'attention et l'admiration sont absorbées par
la scène imposante qui se passe dans une barque,
près du rivage, entre l'apôtre et son divin maître
dont la pose et le geste, combinés avec la splendeur
de ses vêtements, donnent l'idée d'une sorte de
transfiguration qui motive parfaitement l'intense
adoration et l'humble attitude de saint Pierre; on
croit entendre sortir de sa bouche les paroles de l'É-
vangile: « Seigneur, retirez-vous de moi car je suis
un grand pécheur, » et le Christ lui répond: « Ne
crains rien, dorénavant tu seras pêcheur d'hommes. »

Cette allusion à la puissance pontificale est reproduite et confirmée dans la composition presque aussi imposante, quoique moins bien conservée, où l'on voit le Christ donnant les clefs à saint Pierre avec la mission de paître ses brebis. Ici tous les apôtres sont présents, et diversement caractérisés; mais ils se tiennent un peu à l'écart, et c'est encore sur la figure centrale que se concentre tout l'intérêt. L'expression de saint Pierre rappelle les trois interpellations qui lui ont été faites : « Simon, fils de Jonas, est-ce que tu m'aimes? »

La Guérison du Paralytique offre un autre genre d'intérêt. Les figures sont habilement distribuées entre des colonnes torses corinthiennes imitées de celles qui ornent l'église de Saint-Pierre et qui proviennent, dit-on, du temple de Jérusalem. Dans le compartiment central, on voit un paralytique dont la difformité, renfermée dans de justes limites, ne produit sur le spectateur aucun effet pénible. C'est le moment où saint Pierre, lui prenant la main, lui commande de se lever et de marcher. Dans ces divers groupes d'hommes, de femmes et d'enfants, il n'y a pas une seule figure sur laquelle ne se reflète, à quelque degré, l'impression produite par la puissance surnaturelle de l'apôtre. Dans toutes, on reconnaît la main de Raphaël, comme dans la Pêche miraculeuse; seulement ce n'est pas la figure de saint Pierre qui est la plus frappante, c'est plutôt celle de saint Jean, qui est évidemment une réminiscence de Léonard.

La Mort d'Ananias est le chef-d'œuvre de l'artiste dans le genre terrible, et c'est de toutes ses compositions celle qui autorise le plus ses admirateurs à l'égaler à Michel-Ange. Il est en effet difficile de croire que ce dernier, avec toutes ses qualités transcendantes, eût pu s'élever, en traitant le même sujet, à une plus grande hauteur. Jamais la puissance surhumaine n'a été mieux rendue qu'elle ne l'est dans la pose, dans le geste et dans le regard de saint Pierre, quand Ananias est foudroyé par lui pour avoir menti au Saint-Esprit, et jamais on n'a distribué d'une manière si saisissante et si habilement calculée, les diverses parties d'une grande scène dramatique, qu'elles le sont dans celle que Raphaël a mise ici sous nos yeux.

Les trois cartons qui se rapportent à l'histoire de saint Paul ont pour sujet le châtiment d'Élymas qui peut être regardé comme le pendant du châtiment d'Ananias, saint Paul et saint Barnabé à Lystrie, enfin, comme point culminant de toute la série, la prédication du grand apôtre devant l'aréopage. On ne peut rien comparer à cette dernière composition dans le domaine de l'art chrétien. Jamais le geste du prédicateur n'a mieux exprimé l'inspiration divine et jamais on n'a vu des contrastes si merveilleusement accentués. Les auditeurs devant éprouver des impressions diverses suivant la diversité de leurs croyances, il fallait une grande finesse de conception et une extrême délicatesse de pinceau, pour rendre, par l'expression des physionomies, les nuances qui séparaient les unes des autres les écoles philosophiques d'Athènes; chacune d'elles est représentée par une figure, que l'artiste a su caractériser avec un bonheur incomparable. Le Stoïcien ne ressemble ni à l'Épicurien ni au Platonicien, et l'on s'arrêterait plus longtemps à analyser leurs physionomies respectives, si l'attention ne se portait forcément sur Denis l'Aréopagite et sa femme Damaris, qu'on reconnaît au mouvement sympathique qui semble les entraîner vers l'Apôtre. Ici l'encadrement architectural accuse les mêmes préoccupations que nous avons signalées dans le tableau précédent. Il y a aussi une perspective qui s'ouvre sur un gracieux paysage; il y a aussi la statue d'un dieu qu'il s'agit de supplanter; il y a des édifices construits d'après les règles de Vitruve et dont l'un est copié d'après Bramante; mais ce qu'il y a de plus que dans les compositions précédentes, c'est une reproduction partielle d'un bas-relief antique qui se trouvait alors dans la villa Médicis, et qui représentait un autel avec tout l'appareil d'un sacrifice [1].

La tâche de l'artiste aurait dû finir là; mais Léon X, qui confondit trop souvent les intérêts de sa famille

---

1. Tous ces cartons originaux n'ont pas été conservés. On ne retrouve plus ni la *Conversion de saint Paul*, ni la *Lapidation de saint Étienne*, ni le *Tremblement de terre de Lystra*, et nous devons nous estimer heureux de posséder encore les sept autres; car on ne paraît pas avoir attaché une grande importance à leur conservation, après l'exécution des tapisseries. Les sept cartons qui ont échappé à cette insouciance, sont en Angleterre depuis le dix-septième siècle.

avec ceux de l'Église, voulut qu'au dessous de ces grandes compositions qui se rapportent aux plus grands événements du christianisme, on représentât, en camaïeu, des épisodes de sa propre histoire. C'est par suite de cette confusion systématique qu'il a voulu que les tapisseries, exposées périodiquement dans la chapelle Sixtine, rappelassent aux générations futures son entrée à Florence comme légat du pape en 1492; son évasion de la même ville, sous un déguisement de moine, en 1494; ses aventures après la bataille de Ravenne, avec l'intervention symbolique des naïades et des satyres; son retour triomphal à Florence en 1512; et enfin son entrée dans Rome, après la mort de Jules II, pour assister au conclave qui devait placer sur sa tête la tiare pontificale.

Tous ces événements étaient, aux yeux de Léon X, autant de degrés qu'il avait dû franchir, plus ou moins miraculeusement, pour monter sur la chaire de Saint-Pierre, et, par conséquent, ils avaient droit à une commémoration spéciale et même à une sorte de consécration qui les placerait bien au-dessus des faits dont se composent les annales de l'Eglise. Et Raphaël, alors plus accablé que jamais de travaux et de soucis, était obligé de se prêter à toutes ces fantaisies puériles! Que pouvait-il faire de moins, quand on lui octroyait le privilége si envié de peindre successivement les membres de la famille? Il avait commencé, en 1514, par le jeune frère du pape, Julien de Médicis, puis il avait peint à plusieurs reprises le petit Hippolyte destiné dès lors au cardinalat. Ensuite vint le tour de l'usurpateur Laurent, et, pour couronner cette série de chefs-d'œuvre ou plutôt pour les éclipser tous, on vit paraître, réunis dans un même cadre, le Pape avec ses deux neveux, Jules de Médicis et Louis de Rossi, tous trois si merveilleusement caractérisés que l'impression produite par cette apparition tenait encore plus de l'ébahissement que de l'admiration. Enfin, si l'on en croit une légende transmise par un écrivain du même siècle, l'illusion fut portée si loin, que le président de la chancellerie voulant faire signer quelques bulles, s'agenouilla devant cette image décevante comme devant le Pontife lui-même.

Cette immense faveur dont Raphaël jouissait auprès du souverain Pontife, était souvent mêlée d'angoisses que les jouissances de la gloire était impuissantes à calmer. Depuis l'année 1515, qui forme le point culminant de ses prospérités, il s'était passé à Rome et dans sa ville natale des événements qui ne pouvaient manquer de lui navrer le cœur. Une bulle de confiscation avait été fulminée contre son ancien patron, le duc d'Urbin, par son nouveau patron, que sa double puissance rendait doublement irrésistible et que son ambition de famille rendait inexorable; car c'était au profit de son neveu Laurent, que Léon X dépouillait de son fief héréditaire le représentant de la dynastie la plus héroïque, la plus intelligente et la plus populaire de toute l'Italie. Or c'était précisément à la cour d'Urbin que les Médicis, expulsés de Florence, avaient trouvé un asile quelques années auparavant, et l'on s'y souvenait encore d'avoir vu la duchesse Élisabeth bercer maternellement dans ses bras ce même Laurent qu'on ne pouvait comparer qu'à un serpent qui se glisse dans le nid d'un aigle pris au piége.

L'indignation fut universelle en Ombrie, dans les montagnes comme dans la plaine, et le cri de guerre sortit de tous les cœurs; mais, avant de braver les chances d'une lutte trop inégale, on attendit le résultat d'une ambassade qui rappelait un peu celle de Volumnie auprès de Coriolan, puisque l'ambassadrice, qui était la vieille duchesse Élisabeth, avait été comme une seconde mère pour l'usurpateur que protégeait le Pontife. L'arrivée de cette vénérable suppliante produisit à Rome une sensation proportionnée à l'injustice du coup qu'elle venait détourner. Après plusieurs refus, signifiés sans ménagement, elle fut enfin admise à s'humilier deux fois devant Léon X, qui était de retour de Florence où il avait emmené Raphaël pour dessiner la façade de son église favorite de San Lorenzo. Ce voyage, entrepris dans un but purement dynastique, n'avait fait que l'endurcir davantage dans ses projets d'usurpation, de sorte que les humiliations, les supplications et les appels pathétiques à des services oubliés, ne purent rien contre son inflexible résolution. La duchesse partit donc sans espoir, et ses plus tristes pressentiments ne tardèrent pas à se réaliser.

Quelle part Raphaël prit-il de loin aux tribulations de la famille ducale et aux souffrances de ses compatriotes, souffrances qui n'excitèrent la pitié d'aucune puissance italienne, grande ou petite, tant on redoutait les rancunes des Médicis? comment conciliait-il sa reconnaissance pour son nouveau patron avec celle qu'il devait à son premier patron maintenant proscrit, et que cette proscription même rendait encore plus sacrée? L'essor qu'avait pris sa fortune depuis l'avénement du nouveau pontife, et qui est attesté par la lettre trop positive qu'il écrivait à son oncle Ciarla sur sa brillante perspective matrimoniale et pécuniaire, cet essor avait-il neutralisé ou refoulé les nobles sentiments qui l'avaient caractérisé jusqu'alors et qui faisaient partie de ses meilleures inspirations? Le lien qui l'attachait à sa terre natale était-il tellement relâché qu'il pût envisager de sang-froid les calamités qui allaient fondre sur elle? Ces diverses suppositions sont d'autant plus inadmissibles, que nous le voyons, vers cette époque, se faire agréger à une pieuse confrérie d'Urbin, pour participer au bénéfice des prières périodiques récitées en commun par ses membres, comme s'il avait puisé dans cette association, même lointaine, avec des âmes pures, un remède contre la contagion de celles qui ne l'étaient pas [1]. D'ailleurs n'avait-il pas vécu depuis trois ans dans l'intimité de Timoteo Viti, né et nourri sur le même sol, affilié à cette même confrérie au service de laquelle il mettait son pinceau, et caractérisé par Vasari comme un homme amoureux

[1]. Pungileoni, *Vita di Raffaello*, p. 147.

de sa patrie, *innamorato della patria?* et cet amour
était chez lui inséparable de celui du prince dépos-
sédé, envers qui sa fidélité fut vraiment héroïque,
car il ne quitta son deuil, comme sujet et comme artiste, qu'après avoir été témoin de sa rentrée triomphale dans ses États.

A ce contraste, source d'angoisses, peut-être
même de remords pour Raphaël, il faut joindre la
double chaîne qui l'attachait au cardinal Bibbiena
devenu commissaire pontifical dans le duché confis-
qué. L'une de ces chaînes était celle du patronage
qui, au plus fort de ses tribulations patriotiques, le
liait à une tâche qui ne pouvait être de son goût;
car c'était précisément au printemps de 1516, pendant la triste ambassade de la duchesse Élisabeth,
que Raphaël traçait, dans la chambre de bain de
son patron, les peintures trop mythologiques qui devaient être terminées par Jules Romain; si cette chaîne
pouvait s'appeler une chaîne de fer, l'autre au contraire, était une chaîne d'or, puisque c'était la chaîne
matrimoniale qui devait lier indissolublement son
sort à celui de Marie Bibbiena, que le cardinal son
oncle, par ses importunités jointes à la perspective
d'une belle dot, avait fait accepter à celui qu'il appelait par anticipation *son* Raphaël[1]. Pour se faire une
idée des irradiations joyeuses qui illuminaient alors
son âme, il faut lire la curieuse énumération de ses
prospérités dans la lettre qu'il écrivait à son oncle

1. *Vie de Raphaël*, vol. I, p. 237.

Ciarla sur cette affaire (car c'en était une pour lui dans la plus prosaïque acception du mot). Comme on y reconnaît le ton d'un homme qui porte légèrement le fardeau de la gloire et de la vie, et comme on reconnaît son cœur dans le soin qu'il prend de faire informer le duc et la duchesse d'Urbin de tout ce qui lui arrivait d'heureux, *parce que*, dit-il, *je sais qu'ils apprendront avec plaisir qu'un de leurs sujets s'acquiert de l'honneur !* (1ᵉʳ juillet 1514.)

Nous savons que, deux ans plus tard, le projet d'alliance subsistait toujours et que, par conséquent, ses liens de servitude, volontaire ou forcée, étaient toujours les mêmes ; ou plutôt ils s'étaient multipliés dans une telle proportion et avec des incompatibilités si navrantes, que ses forces physiques et morales ne pouvaient plus y suffire. Outre qu'il venait de recueillir la lourde succession de Bramante comme architecte de Saint-Pierre, on l'avait surchargé d'autres travaux qu'il n'exécutait pas toujours par lui-même, mais de l'exécution desquels il était toujours responsable. Il fallait faire face aux engagements contractés avec deux patrons inexorables, avec Léon X, pour les cartons des tapisseries, pour les peintures des loges et pour celles de la troisième chambre du Vatican, avec le banquier Chigi, pour les fresques de la Farnésine, à peine commencées, et pour la décoration de son mausolée dans l'église de Sainte-Marie-du-Peuple, cinq tâches effrayantes qu'il était obligé de faire marcher de front et de concilier avec la surintendance des antiquités et des fouilles, et surtout avec l'étude approfondie de Vitruve, sans parler des dessins pour les gravures de Marc-Antoine, ni des portraits dynastiques, qui se succédaient sans interruption, ni des tableaux de dévotion ou de fantaisie ou même de spéculation diplomatique, imposés de près ou de loin par d'impérieuses recommandations. Aussi, pour suppléer à l'insuffisance des rétributions pécuniaires que l'épuisement du trésor pontifical rendait de plus en plus difficiles, fut-il question de lui décerner une couronne dont on n'avait jamais payé ce genre de services, et cette couronne devait être le chapeau de cardinal! Voilà dans quel dédale d'obligations dévorantes se trouvait engagé le malheureux artiste, pendant que ses premiers bienfaiteurs, auxquels il avait mandé naguère *qu'il acquérait de l'honneur*, étaient expulsés par la force brutale de leur fief héréditaire et se réfugiaient dans un État voisin, pour y mendier un asile et presque du pain!

Malheureusement aucune lettre, écrite par Raphaël durant cette triste période, n'est venue nous révéler la mesure de ses souffrances patriotiques. Quel contraste elle aurait offert avec celle qu'il écrivait si joyeusement, en 1514, à son oncle Ciarla! car il ne pouvait ignorer ni les efforts tentés par les Urbinates pour s'affranchir, ni les répressions sanglantes qui en étaient la suite. Il y a même un document qui prouve son intervention sympathique, auprès du Président de la chancellerie, en faveur d'un condamné politique, coupable d'avoir voulu exciter un soulèvement dans la ville d'Urbin, au profit de la dynastie déchue[1]. Mais rien ne put empêcher le triomphe de la force sur le droit et, après huit mois de résistance héroïque, la bulle de confiscation reçut sa pleine et entière exécution. L'indignation contre l'usurpateur n'avait pas éclaté seulement en Italie ; l'on avait vu des soldats français qui lui étaient envoyés comme auxiliaires, passer, sans permission, avec armes et drapeaux, du côté du duc d'Urbin[2]. Jamais les Médicis n'avaient été si détestés. A la détestation se joignait le mépris pour Laurent de Médicis, le nouveau duc d'Urbin, auquel l'épuisement causé par ses débauches ne pronostiquait qu'un règne de très-courte durée. Mais il vécut juste assez longtemps pour faire subir son patronage à Raphaël. Car, dans cette même année 1518, ce dernier peignit non-seulement son portrait mais encore deux tableaux qui ont joui d'une grande célébrité, surtout en France où ils furent envoyés par Laurent dans un but de spéculation diplomatique. C'est à ce titre que nous possédons le *Saint Michel terrassant le Démon*, et la grande *Sainte Famille* du Louvre, sur laquelle on a fabriqué de ridicules légendes, démenties par les documents. Mais il faut avoir une forte puissance d'abstraction pour s'extasier devant ces deux chefs-d'œuvre sans que cette extase soit troublée par les opérations successives qu'ils ont subies périodiquement de siècle en

1. Gaye. Carteggio inedito, t. II, p. 146.

2. 6 mai 1517, les soldats français, tous vétérans, passèrent du côté du duc d'Urbin, *à bandiere spiegate*. Ugolini. Storia dei duchi d'Urbino, vol. II, p. 215.

siècle. Car ce n'est pas seulement l'harmonie des tons qui a été compromise, c'est aussi l'expression dans ses nuances les plus délicates. A quoi il faut ajouter que les retouches ne s'appliquaient pas à des œuvres peintes originairement par Raphaël lui-même. On retrouvait partout le dur pinceau de Jules Romain, son disciple favori, et personne ne croyait qu'il pût faillir en imitant la touche de son maître.

Quoi qu'il en soit, la tradition dit que François Ier fut transporté d'admiration à la vue du tableau de *Saint-Michel*, et l'on comprend facilement ces transports, pour peu qu'on se figure l'impression qu'il devait produire quand il était dans toute sa fraîcheur. Outre que rien de pareil ne se trouvait parmi les acquisitions royales, le monarque était flatté de cette allusion à un ordre de chevalerie dont il était fier, bien que cet ordre eût été fondé par le moins chevaleresque de ses prédécesseurs.

L'accueil enthousiaste fait à ces deux trésors valut à leur possesseur, ou plutôt à sa sœur, Marguerite de Valois, l'envoi d'un troisième qui se voit également dans la collection du Louvre, mais tellement défiguré par les retouches et tellement indigne du maître dont il porte le nom, qu'il faut être averti de son origine pour avoir la pensée de s'y arrêter. Je veux parler du tableau de *Sainte-Marguerite*, auquel Raphaël n'avait pas donné un seul coup de pinceau et qui avait, dans l'intention du donataire, la même destination diplomatique que les autres. Il en faut dire autant du portrait de Jeanne d'Aragon, l'objet d'une admiration traditionnelle qui ne se serait jamais démentie, si l'on n'avait découvert que Raphaël n'avait peint ni la tête, ni les parties accessoires, et que même le dessin original, dont nous parlerons bientôt, avait été tracé par une autre main que la sienne.

En retour de tous ces dons renforcés par d'intarissables bassesses, Laurent obtint, comme gage d'une union indissoluble entre les deux maisons régnantes, la main d'une noble fille de France qui devait le rendre père d'une princesse encore plus fameuse que lui; car cette princesse devait être Catherine de Médicis.

Outre le patronage impérieux de la famille de Médicis, Raphaël avait à subir celui d'Augustin Chigi, qui semblait résolu à ne pas laisser reposer son pinceau. Le succès qu'avait obtenu *la Galatée*, lui avait fait désirer que le vestibule du même édifice fût décoré dans le même goût, c'est-à-dire qu'il voulait qu'on cherchât dans l'antiquité païenne un mythe assez primitif pour se prêter à la manifestation des belles formes, et assez riche en incidents pour décorer tout l'espace disponible, c'est-à-dire quatorze lunettes, dix pendentifs et les deux champs rectangulaires du plafond.

Le problème était difficile à résoudre; mais Raphaël a su tirer un parti tellement ingénieux de ces difficultés mêmes, qu'on serait tenté de dire que le lieu et le sujet étaient faits l'un pour l'autre. Ce sujet était-il de son choix ou suggéré par l'Arioste, à qui

on a voulu en faire honneur? ou bien l'artiste, cé-
dant à sa passion pour le beau sous toutes ses formes, et spécialement sous celle qui s'offrait à lui,
se laissa-t-il éprendre de la légende si attrayante
de Psyché, en lisant les commentaires de Beroalde
sur *l'âne d'or* d'Apulée ; car cette curieuse publication était alors dans toute sa fraîcheur, et ce genre
d'allégories mystiques mêlées d'aspirations chrétiennes et parlant à l'imagination au moins autant qu'à
l'intelligence, avait pour les esprits un charme qui
aurait assuré le succès d'un pinceau même médiocre
qui se serait voué à la reproduction de cette histoire
si pleine de sens et de poésie.

Le symbole de Psyché, avant de tomber dans le
domaine de l'art du seizième siècle, avait passé par
l'école des Néoplatoniciens et par les catacombes ;
puis il avait été oublié pendant le moyen âge, pour
figurer plus tard parmi les conquêtes intellectuelles
de la Renaissance. Mais, pour valoir tout son prix,
il fallait qu'il fût soumis à un procédé d'épuration
qui le dégageât de tout ce qui pouvait le dégrader ou
l'obscurcir, il fallait qu'on vît clairement que, dans
cette série d'épreuves traversées victorieusement par
Psyché, il s'agit de la chute primitive de l'âme humaine et de sa régénération par le sacrifice. Or, cette
signification du mythe a été parfaitement comprise
par Raphaël, et j'ajouterais qu'elle a été parfaitement
rendue s'il n'avait pas confié l'exécution de ses dessins à celui de ses collaborateurs qui a le plus profané
son art par ses productions obscènes, je veux dire à

ce Jules Romain pour qui la grâce pudique ne fut jamais qu'un mot vide de sens.

Il faut donc, en présence de toutes ces nudités symboliques qui accusent souvent un défaut d'harmonie entre la forme et la couleur, tenir compte de cette malheureuse collaboration; mais il importe encore plus de se bien pénétrer de la vraie signification du symbole, et de ne pas se laisser effaroucher par cette fréquente répétition des figures de l'Amour et de Vénus, qui, parfois, rappellent vaguement les créations peu chastes du ciseau de Praxitèle. Cette illusion se dissipera bien vite, quand on aura regardé de près le type et l'expression du visage, et le spectateur, en combinant son impression avec les données traditionnelles, pourra reconstruire, pour son propre compte, cette belle légende si magnifiquement déroulée sous ses yeux.

La différence de talent dans ses collaborateurs devait nécessairement se réfléchir dans leurs tâches respectives, et c'est là ce qui explique pourquoi le spectateur répartit si inégalement son attention entre les divers compartiments, pourquoi il s'arrête plus longtemps devant ceux où l'artiste a représenté l'Amour baisé par Jupiter, Psyché revenant des enfers, Psyché portée par Mercure, et surtout Psyché présentée par l'Amour aux trois déesses. On a même dit que ce dernier groupe, réputé supérieur à tous les autres, avait été peint entièrement de la main de Raphaël.

Indépendamment de la valeur poétique de cette

composition, l'artiste a su en distribuer les parties
de manière à donner à chaque épisode le relief proportionné à son importance, et l'on peut dire, en tenant compte de la hiérarchie des facultés mises en
action, que le mérite de l'ordonnance répond dignement au mérite de l'invention [1].

Mais ce double mérite ne suffisait pas pour absou-
dre Raphaël du reproche qu'on lui faisait d'abuser
de la collaboration de ses élèves, et comme cette
collaboration lui devenait chaque jour plus nécessaire, à cause des exigences simultanées des patrons
qui se disputaient son pinceau, ses détracteurs s'a-
charnèrent de plus en plus à déprécier son talent et
son caractère, et le jour vint où il n'y eut plus pour
lui de proportion entre les jouissances de la gloire
et ses amertumes.

On peut fixer approximativement l'année 1517
comme le point culminant de ses tribulations. Un
nouvel engagement pris avec les religieuses de Monte
Luce, l'obligeait à leur livrer, pour la fête de l'As-
somption, le tableau promis et même commencé
depuis plus de dix ans. C'était précisément l'époque
où Laurent de Médicis, l'usurpateur du duché d'Urbin, insistait, avec une sorte d'acharnement, sur l'exécution immédiate des ouvrages qui devaient lui ga-
gner la faveur du roi de France. En même temps, il
fallait achever les fresques de la troisième chambre

---

1. Voir pour plus de détails sur les peintures de la Farnésine
l'excellent ouvrage de M. Gruyer : *Raphaël et l'antiquité.*

du Vatican et celles de la Farnésine qui demandaient au moins son active surveillance, vu l'importance du personnage qu'il s'agissait de satisfaire et qui faisait payer bien cher à Raphaël le patronage dont il croyait l'honorer; car, pendant que les travaux de la Farnésine étaient encore en voie d'exécution, l'insatiable patron le chargeait de construire et de décorer sa chapelle funèbre dans l'église de Sainte-Marie-du-Peuple, et un autre patron plus impérieux encore insistait sur l'achèvement d'un autre travail plus important qu'il avait été forcé d'interrompre, je veux parler des peintures des *Loges*, dont les premières avaient déjà excité une admiration universelle.

Parmi les édifices dont la construction ou la décoration l'occupa pendant cette dernière période de sa carrière, le plus intéressant, à tous égards, est le palais du Vatican, commencé par Bramante et couronné par Raphaël de trois rangs de portiques, dont les deux premiers sont formés d'arcades soutenues par des pilastres. C'est là, dans les treize petites voûtes qui composent le second étage, que se trouve cette fameuse série de compositions bibliques que l'on appelle les *Loges* de Raphaël, bien que la main de ses collaborateurs, alors plus nombreux que jamais, y ait été beaucoup plus employée que la sienne. Heureusement la distinction entre son pinceau et le leur est facile à faire, et elle l'est encore davantage quand il s'agit d'assigner la part respective du maître et des disciples soit dans l'ordonnance générale, soit dans la corrélation harmonieuse des parties entre elles.

Quand Raphaël aborda cette nouvelle tâche, il se trouva sur le terrain où Michel-Ange venait de planter son drapeau, c'est-à-dire sur le terrain de la Genèse, où l'on croyait que nul n'oserait s'aventurer après lui. La concurrence était en effet formidable. Sous le rapport de la grandeur et de la majesté, il était impossible d'aller plus loin, et l'on avait peine à se figurer quelque chose de plus idéal que la beauté dont Michel-Ange avait doué Adam et Ève dans le *Paradis terrestre*. Il est vrai que c'était une beauté dont le génie chrétien avait fait tous les frais, sans s'inspirer en rien de cet idéal antique qui renaissait alors sous toutes les formes et à l'empire duquel il était presque impossible de se soustraire ; mais cette indépendance dans la création de ses types et cette fière répugnance à sacrifier aux grâces païennes étaient précisément les premières conditions du genre de succès auquel aspirait Michel-Ange en traduisant, à sa manière, ce préambule imposant de l'histoire de l'humanité. C'est à ce point de vue qu'il faut se placer pour se prononcer avec compétence entre les deux grands rivaux qui suscitaient alors, entre leurs partisans respectifs, une controverse passionnée qui n'est pas encore épuisée.

En traçant la figure du prophète Isaïe dans l'église de Saint-Augustin, Raphaël avait trompé l'attente de ses admirateurs, et l'on pouvait craindre que son génie ne fût pas à la hauteur de la tâche immense qu'il allait entreprendre; car ce n'était pas seulement des prophètes qu'il aurait à peindre, il faudrait caractériser d'autres personnages sur des données insuffisantes et envisager en face le grand problème de la création, non moins hérissé de difficultés pour l'art que pour la philosophie. Le chaos, le premier rayon de lumière, l'esprit mouvant de Dieu marchant sur l'abîme à l'origine des choses, voilà les données crépusculaires que l'artiste avait à mettre en œuvre, en traduisant, avec une liberté respectueuse, les premiers versets de la Genèse. Le rôle du Père Éternel est d'une grandeur si désespérante dans les actes successifs de la création, qu'on ne peut pas admettre qu'un peintre doué d'un vrai génie ait jamais abordé sans crainte ce formidable sujet, et c'est ici le cas de dire que la crainte est le commencement de la sagesse. Outre les difficultés intrinsèques, il y avait celles que suscitait la priorité de Michel-Ange, regardée par ses partisans comme une prise de possession fondée non-seulement sur le droit de premier occupant, mais sur son aptitude toute spéciale à rendre les grandes scènes et les grandes figures bibliques. Faire mieux que lui était difficile, faire autrement était dangereux, à cause des comparaisons imminentes entre le modèle et l'imitateur; car l'imitation, ou, si l'on veut, la réminiscence importune, était une nécessité qu'il fallait subir en traitant le premier chapitre de la Genèse, qui a fourni la matière des peintures de la première voûte.

Raphaël se résigna donc à suivre l'exemple de son

rival et à tirer de l'anthropomorphisme tout le parti que comportaient le texte biblique et le champ très-restreint de chaque composition. Sous ce rapport, son succès a été prodigieux et l'on peut dire que nul n'a jamais déployé tant de grandeur dans de si étroites limites. Cette grandeur n'est pas dans les dimensions, mais dans le caractère, combiné avec le mouvement du corps et des extrémités qui jouent un grand rôle dans les trois premiers actes de la création, particulièrement dans celui qui produit la séparation des ténèbres d'avec la lumière. C'est, entre les fresques de la première voûte, celle qui porte le plus visiblement l'empreinte du pinceau magistral de Raphaël, empreinte qui devient de plus en plus rare dans les fresques suivantes.

En descendant de ces hauteurs où il avait agrandi à la fois son style et son point de vue, il se trouva, avec Adam et Ève, sous les frais ombrages de l'Éden, et ces deux types de beauté primitive posèrent simultanément devant lui, avant et après leur chute. Ici la priorité de Michel-Ange n'était plus un motif de découragement, surtout pour la figure d'Ève à laquelle il fallait donner un genre de perfection dont Raphaël seul était capable et dont il avait déjà fait un essai si heureux, en dessinant le même sujet pour Marc-Antoine. Il n'avait donc à craindre d'autre rival que lui-même : mais ce rival était le plus redoutable de tous, et la victoire ne resta pas indécise. Sur les quatre fresques de la deuxième voûte, dans chacune desquelles reparaît le couple primitif, il n'y eu a qu'une où la figure d'Ève réponde à l'idéal perpétué par la gravure; c'est celle qui la représente avec tous les charmes de l'innocence et de la pudeur, au moment où Dieu la donne pour compagne au premier homme; mais la figure d'Adam est loin d'offrir la même perfection, et l'on reconnaît, dans les teintes rougeâtres de la carnation, le lourd pinceau de Jules Romain.

On le reconnaît encore davantage dans la composition qui représente la prévarication primitive et qui est toute entière de la même main. Il suffit de jeter les yeux sur les poses respectives des deux complices, pour ne conserver aucun doute à cet égard. Ce n'était pas ainsi que Raphaël avait traité ce sujet délicat dans la chambre de la *segnature;* mais aussi ce n'était pas à la même source qu'il allait puiser ses inspirations.

Ève encore innocente a la chevelure élégamment nouée à l'antique, mais elle perd cette parure avec celle de l'innocence quand elle devient coupable. Voilà l'idée ingénieuse enfantée par l'imagination classique de Jules Romain, auquel il faut encore attribuer, en grande partie, les deux autres fresques de la deuxième voûte. Celle qui représente Adam et Ève chassés du paradis fait d'abord illusion sur son véritable auteur, à cause des emprunts manifestes faits à Masaccio, et surtout à cause de la reproduction de l'ange, aux ailes irisées, que Raphaël a déjà fait intervenir dans la délivrance de saint Pierre; mais toutes ces intercalations ne déguisent qu'imparfaitement les altérations que le disciple a fait subir à la pensée du maître, dont l'abnégation ou l'épuisement laisse le champ de plus en plus libre à ses collaborateurs. Cependant il semble s'être réservé une part plus large dans le tableau où Ève déchue de sa beauté, comme de tous les autres attributs de son innocence, expie sa faute par le travail et par le sentiment amer de la malédiction qu'elle transmet, sentiment plus visible encore sur la sombre physionomie d'Adam, et qui forme comme la note dominante de cette composition si profondément élégiaque.

Celle qui représente le déluge avec ses épisodes les plus dramatiques et les plus déchirants, trahit, au premier coup d'œil, non-seulement une main prodigieusement habile, mais une imagination ennoblie par la sensibilité du cœur. Or cette source d'inspiration était à peu près tarie pour Jules Romain. Il n'y a donc pas lieu de le soupçonner d'avoir eu la moindre part à cette œuvre grandiose qui demandait un genre d'élan dont il était incapable ; mais il s'est dédommagé dans les autres fresques de la troisième voûte, particulièrement dans celle où il a représenté, par pure ostentation anatomique, les trois fils de Noé travaillant dans un état de nudité complète à la construction de l'arche.

Avec Abraham s'ouvre l'ère patriarcale qui participe à la fois du caractère héroïque et du caractère sacerdotal. Dès le début, on trouve ce mélange ou plutôt ce contraste dans la scène imposante qui se passe entre Melchisédec et Abraham vêtu, hélas ! comme un guerrier de la colonne Trajane. Dans les

deux fresques suivantes, le patriarche paraît pros-
terné d'abord devant Dieu qui lui montre les étoi-
les, symbole de sa postérité, ensuite devant les trois
messagers célestes qui forment un groupe auquel
on ne peut rien comparer dans l'antiquité, si ce n'est
peut-être celui des trois Grâces. Ici ce n'est pas seulement la main du maître, c'est aussi son pinceau qui
se montre dans cette œuvre de prédilection à laquelle
il avait préludé par une esquisse originale formant
aujourd'hui un des plus précieux trésors de la collection Albertine. Les autres fresques de la même voûte
ont été peintes par un disciple ; mais ce disciple, au
lieu d'être Jules Romain, dessinateur plus fougueux
et plus énergique, est probablement François Penni,
dont les couleurs plus riches et mieux balancées ne
choquent plus les yeux par la crudité des tons et par
le défaut de transparence dans les teintes rougeâtres de la carnation.

L'histoire d'Isaac et de Rébecca, dans la cinquième
voûte, est beaucoup moins attrayante, et l'on serait
étonné d'y trouver l'épisode trop pastoral des deux
époux chez Abimélech, si une composition exactement semblable dans le palais de Mantoue, ne nous
autorisait à voir dans l'une et dans l'autre le produit de la vulgaire imagination de Jules Romain.

L'artiste se relève dans l'histoire de Jacob, plus
riche en incidents poétiques et pittoresques auxquels
s'adapte merveilleusement la touche délicate et fine
de Pellegrino de Modène, surtout quand il peint la
vision de Jacob et la lumière dans laquelle se dresse

l'échelle mystérieuse avec les anges qui montent et qui descendent. Après ce rêve symbolique sur lequel l'art vulgaire aurait eu peu de prise, nous trouvons une véritable idylle, avec un paysage ravissant sur lequel se détache la figure plus ravissante encore de Rachel, dont la pose, le profil et le regard accusent, outre l'intervention plus directe du maître, l'imitation libre de quelque modèle antique. Enfin le retour de Jacob en Chanaan avec toute sa famille qui compte des enfants de tout âge, nous présente une des scènes les plus touchantes et les plus animées de la vie patriarcale, mais aussi une de celles qui demandaient le plus impérieusement une parfaite intelligence des nuances dans l'expression diversifiée des caractères.

L'histoire de Joseph, qui tient à la fois du drame et de l'idylle, débute par une des plus belles compositions de Raphaël, celle où il le représente racontant à ses frères les deux songes qui présagent sa grandeur future. L'artiste avait essayé d'autres combinaisons moins heureuses avant d'adopter celle que la gravure nous a transmise et qui ne dut pas être entièrement exécutée par Jules Romain ; car il y a dans plusieurs parties une telle délicatesse de touche et des effets de lumière si bien ménagés, qu'il est impossible de n'y pas reconnaître la main du maître. On la reconnaît encore dans certains détails des trois autres fresques de la même voûte, particulièrement dans la dernière où l'esclave devenu prophète change subitement de rôle et d'attitude et

fait comprendre, par son geste, la portée de ses pré-
dictions.

Si l'histoire de Joseph participe de l'idylle et du
drame, celle de Moïse est une véritable épopée, la
seule qu'on puisse appeler une épopée divine, car
c'est la seule où l'intervention de Dieu soit directe,
visible et permanente, mais sans rien retrancher de
l'héroïsme des agents secondaires dans les longues
épreuves qu'ils ont à subir. Ici Jules Romain s'efface
pour faire place à Perino del Vaga ou à Raphael-
lino del Colle, et cette substitution donnerait presque le droit de soupçonner que le maître, fatigué
de la multiplicité de ses tâches, ne mettait plus
la même importance au parfait accomplissement de
celle-ci.

On retrouve encore l'empreinte de son génie dans
les huit compositions qui se rapportent à l'histoire
du grand législateur, particulièrement dans celles qui
représentent *Moïse sauvé des eaux*, *le Buisson ardent*,
le Passage de la mer Rouge et *l'Adoration du Veau
d'or*; mais cette empreinte, déjà moins manifeste
dans les deux dernières fresques de la neuvième
voûte, va s'affaiblissant de plus en plus dans celles
qui ont pour sujet l'entrée dans la Terre promise,
l'histoire de David et celle de Salomon, jusqu'à
ce qu'enfin elle disparaisse entièrement dans les
quatre compositions empruntées au Nouveau-Testa-
ment et qui furent probablement terminées après la
mort de l'artiste. Cette conjecture n'est pas seulement une justice envers sa mémoire, c'est encore un

soulagement pour ses admirateurs qui, après avoir parcouru, avec un enthousiasme décroissant, cette série de peintures ou de chapitres qu'on appelle la Bible de Raphaël, se trouve en face du tableau de *la Cène* dans la dernière voûte, tableau si inférieur, tant pour l'ordonnance que pour les types, au magnifique dessin qui nous a été conservé par la gravure de Marc-Antoine [1].

Cette multiplicité de tâches aurait épuisé dès lors les forces physiques de l'artiste, s'il n'avait pas eu à son service des auxiliaires dévoués sur l'intelligence desquels il pouvait compter, tant qu'il ne leur demanderait pas de dépasser la région moyenne des inspirations; mais leur collaboration lui était d'un médiocre secours pour ses fonctions d'architecte en chef de la basilique de Saint-Pierre et pour celles d'intendant général des fouilles et des antiquités de Rome. D'un côté, il fallait comparer entre elles et avec les monuments des siècles passés les combinaisons les plus propres à donner au temple projeté un caractère de grandeur qui répondît à sa destination comme capitole de Rome chrétienne. De l'autre, il s'agissait, nonseulement de constater des découvertes et de fournir des matériaux à l'érudition archéologique, mais aussi de mesurer les ruines, pour dresser le plan et la coupe

---

1. Le travail le plus complet et le plus compétent qui ait été fait sur les loges de Raphaël est celui de M. Gruyer, que ses études spéciales ont mis à même d'envisager son sujet sous le point de vue technique aussi bien que sous le point de vue historique et religieux.

des édifices, de manière à pouvoir ressusciter approximativement l'antique cité des Césars.

Sans examiner jusqu'à quel point Raphaël pouvait
être doué du génie de reconstruction, il est impossible de ne pas déplorer ce stérile emploi de ses facultés synthétiques et de ne pas regretter les chefs-
d'œuvre que nous pourrions avoir à la place de ses
dessins architectoniques et de ses commentaires sur
Vitruve. Mais ces études étaient alors celles qui le pas-
sionnaient le plus, et comme la passion de Léon X
s'accordait parfaitement avec la sienne, la catastrophe
à laquelle devait aboutir l'épuisement graduel de ses
forces devenait chaque jour plus imminente.

Tout cela n'empêchait pas les membres du sacré
collége, les grands et les petits souverains, et surtout
les rejetons de la dynastie des Médicis, d'obséder le
malheureux artiste par des instances contre lesquelles
il n'avait de recours auprès d'aucune puissance terrestre. Le plus inexorable de ces persécuteurs était
toujours l'usurpateur du duché d'Urbin, pour qui
les œuvres d'art n'avaient d'autre charme que celui de
préparer ou d'affermir son usurpation. Aussi Raphaël
ne s'était-il pas fait scrupule d'en confier l'exécution
partielle ou même totale à la main de ses disciples;
mais il en était tout autrement du tableau de *la
Transfiguration*, commandé par le cardinal Jules de
Médicis pour une église de son diocèse de Narbonne,
et auquel l'artiste se faisait un point d'honneur de
travailler seul, d'abord pour donner un démenti solennel à ses détracteurs, ensuite pour soutenir la con-

currence avec Sebastiano del Piombo, chargé par le même cardinal de peindre le fameux tableau de *la Résurrection de Lazare.*

Les documents abondent aujourd'hui pour prouver à quel point l'existence de Raphaël fut tourmentée pendant les trois années d'angoisses qui précédèrent et préparèrent sa mort. Les plus précieux entre ces documents sont ceux qui ont été découverts dans les archives palatines de Modène, et qui nous montrent le petit souverain de Ferrare parlant tour à tour en admirateur et en despote, et suscitant au malheureux objet de son admiration une véritable persécution triennale, pour avoir une composition mythologique de sa main, sans préjudice des sculptures antiques qu'il voulait tenir de son choix. Dans le cours de cette longue négociation qui ne garda pas toujours le caractère diplomatique, le grand homme qui en est l'objet nous apparaît sous deux aspects bien différents. Tantôt nous le voyons, avec la conscience des hautes prérogatives que lui confère son génie, traiter de puissance à puissance avec le chef de la maison d'Este, et se rendre d'un accès difficile au négociateur officiel qui parle en son nom, tantôt nous le surprenons recourant, comme un débiteur insolvable, à des subterfuges indignes de lui, pour éluder les poursuites de son créancier. Il faut lire ces documents pour se faire une idée du spectacle navrant qu'ils mettent sous nos yeux et des tourments de corps et d'esprit par lesquels Raphaël expiait la gloire qui entourait déjà son nom et qui devait

rejaillir sur sa patrie et sur l'humanité tout entière.

Ce tableau que voulait le duc Alphonse, devait
représenter son sujet de prédilection, le *Triomphe
de Bacchus dans les Indes*. Pour calmer son impatience, Raphaël lui expédiait, en échange d'un à-
compte de cinquante ducats, des cartons qu'il avait
dessinés de sa propre main [1] et qui n'avaient besoin,
pour valoir tout leur prix, que de trouver un appré-
ciateur plus intelligent. Mais ce n'était pas pour un
Saint Michel que le petit potentat envoyait ses ducats
et ses sommations, c'était pour un Bacchus et surtout pour son cortége de Bacchantes dont il savou-
rait d'avance les attitudes et les nudités. « Ce tableau,
écrivait-il à son secrétaire Pauluzzi, chargé de poursuivre la négociation, ce tableau nous fait bien défaut, pour compléter notre cabinet. » Cette idée
l'obsédait partout, même à Paris, pendant qu'il faisait la cour au roi de France pour recouvrer sur le
Pape, qui en était détenteur, les villes de Modène et
de Reggio. A son retour à Ferrare, il trouva les choses au même point où il les avait laissées, bien que les
ouvrages qui avaient servi de prétexte aux délais sans
cesse renaissants, eussent été expédiés à François Ier.
En vain le duc voulut-il s'en prévaloir pour redou-
bler ses instances. Raphaël était absorbé par les

---

1. On lui envoya d'abord le carton de la fresque représentant
le couronnement du pape Léon III, puis le carton du *Saint-Michel*, du Louvre, et enfin le carton du portrait de Jeanne d'Aragon par Jules Romain. Ces trois cartons ont été perdus.

préparatifs du carnaval, c'est-à-dire par la construction et la décoration d'un théâtre sur lequel devait
se jouer, devant le Pontife et toute sa cour, une des
comédies les moins édifiantes de l'Arioste[1].

Enfin le négociateur obtint une audience ; mais ce
fut pour être éconduit par son interlocuteur qui se
montra plus versé que lui dans les circonlocutions diplomatiques. Le tableau qui, depuis si longtemps,
touchait à sa fin, n'avait pas même été commencé, et
le chef d'une maison souveraine avait été le jouet
d'une audacieuse mystification ! Alors éclatèrent les
menaces qui, à cette distance, ne produisirent pas
plus d'effet que les prières, non point par le mauvais
vouloir de l'artiste, mais plutôt par la conscience de
son épuisement dont les causes et les symptômes
étaient trop visibles.

Les deux ouvrages qu'il avait alors le plus à cœur,
étaient le portrait de son ami Balthasar Castiglione
et la chapelle funèbre de son patron Augustin Chigi,
qui devait le suivre de si près dans la tombe. La
dette de l'amitié fut celle qu'il paya la première. Pour
payer celle qu'il avait contractée envers lui-même
et envers le cardinal Jules en peignant le tableau de
la Transfiguration, il ne restait plus qu'à y ajouter
quelques coups de pinceau, que l'absence de ce prélat permettait de différer. Ce répit venait d'autant
plus à propos, que l'état d'Augustin Chigi devenait

1. Cette comédie a pour titre : *I suppositi* et avait été déjà
jouée à Ferrare en 1512. Voir la curieuse lettre de l'envoyé
Paulucci dans la *Gazette des beaux-arts*, mai 1863.

chaque jour plus alarmant et devait réveiller le remords dans l'âme de Raphaël sur la lenteur qu'il avait mise dans la construction de son mausolée. Ce remords dut être plus poignant quand le malade, pressentant sa fin prochaine, ordonna, par une disposition testamentaire du 16 août 1519, que les travaux de sa chapelle seraient achevés par le même artiste qui les avait commencés. Or cette date coïncide presque jour pour jour avec celle de la lettre dans laquelle l'envoyé du duc de Ferrare mande à son maître qu'il n'a pu ni pénétrer chez Raphaël, ni le rencontrer nulle part, et ce fut cette lettre qui donna lieu à l'explosion d'orgueil et de colère dont nous avons parlé plus haut.

La mort imminente d'un tel patron ne pouvait que renforcer, dans l'ami qui lui devait tant, la susceptibilité maladive qu'on remarquait en lui, depuis qu'il avait succédé à Bramante dans la direction des travaux de Saint-Pierre [1]. Désormais la tâche qu'il avait à remplir dans l'église de Sainte-Marie-du-Peuple devenait pour ainsi dire sacrée, et l'on peut croire que ce fut à la fois une de ses plus chères et de ses plus sombres préoccupations pendant le peu de jours qu'il lui fut donné d'y consacrer.

Ce monument funèbre, tel qu'il avait été conçu par le patron et par l'artiste, devait être, pour ce dernier, une belle occasion de déployer l'universalité de

---

1. Le correspondant parle de susceptibilités jalouses et d'une certaine amertume qu'on a remarquée dans Raphaël.

son génie dans tout ce qui tenait aux arts du dessin.
C'était lui seul qui devait en être l'architecte et le
décorateur, et cette décoration devait comprendre,
outre les mosaïques et les peintures exécutées par
lui ou d'après ses cartons, quatre statues de prophètes destinées à remplir les quatre niches réservées
entre les pilastres.

Bien que Raphaël eût mis la main à l'œuvre dès
l'année 1515, il n'y avait de terminé, à l'époque dont
nous parlons, c'est-à-dire en 1519, que l'édifice, exclusivement son ouvrage, et les mosaïques de la coupole, où l'empreinte de son génie n'est pas moins visible que dans les fresques du Vatican. Le grand poëte de
la Divine Comédie, déjà glorifié par lui dans *la Dispute
du Sacrement* et dans le *Parnasse*, reparaissait ici,
avec des attributions nouvelles, pour servir de lien
mystique entre les éléments païens et les éléments
chrétiens si ingénieusement combinés dans cette composition symbolique qu'on admirerait bien davantage, si l'admiration n'était pas troublée par des
ruines et par des lacunes. Les ruines sont dans les
compartiments de la voûte, défigurés ou plutôt profa-
nés par les restaurations successives qu'ils ont subies.
Les lacunes sont dans la partie inférieure, où l'on
cherche en vain les huit mosaïques qui, dans le plan
primitif, devaient rappeler l'histoire de la création
du monde et de la chute de l'homme, et auxquelles
on a substitué les misérables fresques de Francesco
Salviati ! Le même genre de profanation a été commis pour la statue de *Jonas* à laquelle on a donné

pour pendant une figure du chevalier Bernin, c'est-à-dire du sculpteur dont le nom résume à lui seul la décadence italienne au dix-septième siècle[1].

Si l'artiste avait eu le don de pressentir sa mort prochaine, il aurait trouvé dans les deux tâches qui lui restaient à remplir un moyen de raviver, dans son âme, ses aspirations vers l'idéal ; car les dessins qu'il avait tracés pour la décoration de la chapelle mortuaire dont nous parlons, avaient exigé de lui des études et des méditations qui auraient pu porter leurs fruits, en lui rappelant les conditions des divers degrés de béatitude céleste et ce pur rayon de lumière sur lequel Béatrix faisait monter, de monde en monde, l'âme de son poëte bien-aimé ; en effet, c'était *le Paradis* de Dante interprété par un artiste digne de lui, qui avait fourni les matériaux pour l'ornementation de la coupole, et s'il fallait attribuer à quelqu'un le mérite d'avoir eu la pensée de puiser à cette source, ce ne serait certainement pas à un patron comme Augustin Chigi, qu'on serait tenté de l'attribuer.

Vasari, si indulgent pour Laurent de Médicis qui mourait alors des suites de ses débauches, n'a pas craint de flétrir la mémoire de Raphaël, en lui imputant le même genre de mort. Cette imputation était sans doute trop insignifiante aux yeux des écrivains

1. La preuve que Raphaël travailla avec le sculpteur Lorenzetto à la statue du prophète Jonas se trouve dans plusieurs écrivains du seizième siècle, cités par Gruyer. *Raphaël et l'antiquité*, vol. I, p. 428.

contemporains pour qu'ils en fissent la matièr e d'une controverse, et c'est seulement après le laps de plusieurs siècles qu'elle a trouvé d'énergiques contradicteurs[1], dont les arguments sont puissamment renforcés par le rapport de deux contemporains qui étaient sur les lieux, et dont l'un n'avait aucun intérêt à ménager la mémoire de celui qui l'avait si peu ménagé lui-même. Ce témoin impartial était l'envoyé du duc de Ferrare, ce même Pauluzzi, bien supérieur à son maître, auquel il ne parla cette fois, dans sa courte dépêche, que de la catastrophe qui a causé dans Rome un deuil universel, en lui enlevant *cet homme d'une valeur supérieure, qui a succombé à une fièvre continue et aiguë, après huit jours de souffrances*[2].

L'autre témoin était un noble Vénitien nommé Marc Antonio Michiel qui, dans sa lettre à son ami Marsilio, non-seulement ne fait aucune allusion à la calomnie si complaisamment recueillie par Vasari, mais donne à la maladie une durée de quinze jours, et décerne au défunt une sorte de canonisation, en disant que *son âme est partie pour contempler les édifices du ciel, qui ne sont pas sujets à la destruction*. L'idée de faire consister la béatitude dont pouvait jouir cette âme, dans la contemplation du type éternel du beau, ne venait sérieusement à personne, pas même au soi-disant platonicien Bembo, l'auteur

1. Voir Pungileoni, *Elogio storico di Raffaele*, p. 257-258.
2. Voir la lettre de Pauluzzi dans la *Gazette des beaux-arts*, t. XIV, p. 454. L'autre se trouve dans Passavant, t. I, p. 282.

de la misérable épitaphe que tout le monde connaît. Ce qu'on regrettait surtout dans Raphaël, c'était l'antiquaire, brusquement interrompu dans son œuvre de reconstruction vitruvienne. Aussi apprenons-nous, par le même document, que ce furent surtout les savants qui portèrent le deuil de sa mort. On pourrait ajouter qu'à certains égards il fut leur victime, en tant que leurs encouragements, joints à ceux qui venaient de plus haut, imprimèrent à son activité devenue fébrile, la direction fatale qui devait aboutir à une fin prématurée.

Mais si l'on est en droit de repousser l'insinuation flétrissante qu'implique le récit de Vasari, il est impossible de nier que Raphaël n'ait été, comme chrétien encore plus que comme artiste, trop souvent infidèle aux pures traditions qu'il avait apportées de l'Ombrie. Nous avons déjà signalé les dangers auxquels était exposée la plus fragile de ses vertus pendant la première période de son séjour à la cour de Léon X. Des relations de plus en plus intimes avec des patrons comme Chigi et avec des disciples comme Jules Romain et Marc-Antoine, avaient rendu ces dangers encore plus imminents, et, les séductions du sophisme se joignant à celles de l'imagination, il s'était persuadé qu'une passion qui ne changerait pas d'objet serait un préservatif contre les orgies dégradantes dont il était témoin. L'objet de cette passion était-il vraiment digne de lui, et les remords n'en vinrent-ils jamais troubler la possession?

La meilleure réponse à la première de ces ques-

tions est le portrait si peu chaste de celle qui, sous
le nom de Marguerite, avait si bien établi l'empire de
ses charmes sur le cœur de Raphaël, qu'il n'a pas
rougi de proclamer son servage en inscrivant son
propre nom sur un bracelet d'or qu'elle porte en
guise de trophée[1]. Une preuve encore plus irrécu-
sable de l'ascendant qu'elle avait pris sur lui, se trouve
dans plusieurs de ses compositions, sans excepter les
compositions religieuses. Elle y figure tantôt comme
une héroïne, tantôt comme une Sainte et quelquefois
même comme une Madone. Seulement, dans ce dernier cas et même dans d'autres, l'artiste a eu soin de
tempérer le feu du regard qui n'a rien de virginal, et
de supprimer l'expression sensuelle de la partie inférieure du visage, ce qui prouve qu'il savait à quoi
s'en tenir sur la valeur esthétique de ce type que son
goût, naturellement délicat, ne pouvait s'approprier
qu'en le décomposant.

Il n'est que trop vrai que la Madone de Saint-Sixte
est un des produits de cette modification, et l'on ne
saurait bien juger ce chef-d'œuvre qu'en tenant
compte du double courant d'inspirations hétérogènes
qui ont concouru à sa production. Ce dualisme n'existait pas pour le type de l'Enfant Jésus. Aussi l'adoration est-elle pour lui et l'admiration pour la Vierge.

1. Le nom de la Fornarina paraît, pour la première fois, vers
le milieu du dix-huitième siècle. Il est prouvé que la femme
aimée par Raphaël s'appelait Marguerite. Passavant croit que le
portrait du palais Barberini et celui de la tribune de Florence ne
diffèrent l'un de l'autre que par la date.

Ce fut la dernière que peignit Raphaël et par conséquent sa dernière prévarication en ce genre ; mais
son émancipation, par des moyens purement humains, était devenue impossible et son sacrifice ne
fut consommé que sur son lit de mort, c'est-à-dire
quand il lui restait à peine assez de vie pour le rendre méritoire. Les détails manquent sur l'emploi qu'il
fit de ses moments lucides. Pour ceux qui s'inquié-
taient du salut de son âme, ses dispositions testamentaires n'étaient pas toutes très-rassurantes [1]; car
les plus favorisés, après sa propre famille, étaient
précisément ceux dont l'exemple ou la complicité
l'avait engagé le plus avant dans la voie qu'on lui
avait signalée comme *la voie de la perdition.* C'était
Marguerite qu'il voulait consoler par une dot, c'était
Jules Romain, le plus dépravé de ses disciples, c'était
enfin le cardinal Bibbiena, à qui il léguait sa maison
et au service duquel il avait plus particulièrement
souillé son imagination et son pinceau [2].

Quoi qu'il en soit, il est certain, de l'aveu même de
Vasari, que la confession fut accompagnée de signes
de contrition (*confesso e contrito*) et que l'approche
de son heure suprême raviva dans le moribond son
culte de prédilection pour la Sainte Vierge, dont il
voulut que la statue en marbre servît non-seulement

1. Un legs spécial avait pourvu au payement d'une messe
mensuelle, à perpétuité, dans la chapelle qu'il avait fondée.

2. Je veux parler des peintures, aujourd'hui couvertes, que
ce cardinal avait fait exécuter à Raphaël dans sa chambre de
bain, au Vatican.

d'ornement, mais de sauvegarde à son tombeau.
Tout concourait à rendre cette scène finale émouvante et solennelle. Outre sa coïncidence avec les
cérémonies lugubres de la semaine sainte, il y en
avait une autre dont les imaginations même les
moins superstitieuses avaient été frappées : un écrou-
lement partiel du palais pontifical en avait chassé le
pape et toute sa cour, et tel était l'empire des pressentiments auxquels on était en proie, qu'on voulut
voir dans cet accident un avertissement miraculeux
de la catastrophe qu'on redoutait et qui eut lieu en
effet dans la nuit du vendredi saint. C'était l'heure des
méditations nocturnes sur le grand mystère de la
croix, et il est permis de croire qu'il y eut des âmes
pieuses en qui ce rapprochement redoubla la ferveur
de leurs prières.

Le lendemain, la consternation fut universelle et
le pontife lui-même ne put retenir ses larmes. Mais
ce fut dans la chambre mortuaire que se passa la
scène la plus déchirante. On y voyait d'un côté la
froide dépouille de celui qu'on pleurait, et de l'autre,
le tableau non achevé de la Transfiguration ; et *personne*, dit Vasari, *ne pouvait regarder alternativement ces deux objets, sans que son âme fût brisée par
la douleur*.

On comprend que la jouissance esthétique dut être
pour peu de chose dans le mélange de sentiments
que les assistants éprouvaient devant ce dernier chef-
d'œuvre d'un génie qui avait été si fécond. On comprend encore mieux que la critique, et surtout la cri-

tique malveillante, n'ait pas osé franchir le seuil de ce sanctuaire funèbre où il n'y avait de place que pour les regrets inconsolables et pour l'admiration sans bornes. C'est à cette impression profonde et unanime qu'il faut faire remonter la tradition presque superstitieuse qui, depuis trois siècles, attribue à l'artiste une sorte d'infaillibilité dans la composition de ce tableau, comme s'il était le produit d'inspirations spéciales, analogues à celle du cygne, quand il module son dernier chant. Que cette appréciation traditionnelle soit une justice ou une illusion, il y aurait une sorte d'impiété à la démentir et à ne pas tenir compte de tous ces souvenirs, quand on se trouve en présence de l'œuvre privilégiée qui a reçu, devant le cercueil de son auteur, ce nouveau genre de consécration. Il en est de même, quand on se trouve en présence de son tombeau qui fut placé, sur sa demande expresse, sous la voûte du Panthéon devenu, depuis Boniface IV, l'église de Sainte-Marie-des-Martyrs, et se prêtant, par cette double dénomination, au double culte de Raphaël pour les monuments antiques et pour la Vierge, protectrice de son enfance.

SUPPLÉMENT

SUPPLÉMENT.

———

L'histoire des disciples de Raphaël après sa mort,
forme un des plus tristes chapitres de l'histoire de
l'art, non-seulement parce que leur dispersion
presque immédiate ne permit plus de concentrer
dans un seul foyer les grandes traditions qu'il avait
laissées, mais surtout à cause de l'impuissance où ils
se trouvèrent de puiser leurs inspirations aux mêmes
sources que lui. Quelle différence, sous ce rapport,
entre les trois écoles contemporaines! En parlant de
Raphaël comme de Michel-Ange, on peut dire que
tous deux déposèrent dans leurs écoles respectives
des germes dont le développement fut à la fois cause
et symptôme de la décadence du goût public; tandis

que les élèves de Léonard, ayant été formés sous la discipline d'un maître qui avait conservé l'unité de doctrine jusqu'à la fin de sa longue carrière, purent marcher imperturbablement dans la voie qu'il leur avait tracée. Aussi, comme ils se sont efforcés de reproduire sa manière, ses types, ses compositions, en un mot tout ce qui était accessible à leur imitation consciencieuse et presque superstitieuse! Voyez, au contraire, les élèves favorisés de Raphaël, comme ils exploitent avidement le côté païen ou sensualiste de son talent! et comme leur siècle, de plus en plus perverti, applaudit au dévergondage de leur pinceau; tandis que le fondateur de l'école Lombarde revit dans ses disciples, sinon quant au génie, qui ne pouvait se transmettre, du moins quant à ses meilleures tendances, et surtout quant à la pureté des inspirations religieuses. Quel contraste, au point de vue de l'inspiration, entre les œuvres de Luini et celles de Jules Romain!

Et cependant ce Jules Romain, l'une des âmes les plus dépravées de ce siècle si riche en dépravation, était, de la part de son maître, l'objet d'une prédilection qui ne se démentit jamais, pas même à son lit de mort; et il put se vanter, avec son condisciple Penni, de posséder, par suite des dispositions testamentaires de Raphaël, la partie la plus précieuse ou du moins la plus enviée de son héritage, c'est-à-dire tous les dessins et les tableaux finis ou ébauchés qu'il laissait après lui. C'était les proclamer les plus dignes entre tous d'être ses continuateurs ou ses successeurs, et les imposer, pour ainsi dire, par l'autorité de son suffrage, non-seulement au patronage du pontife alors régnant, mais encore à celui de tous les grands personnages qui s'étaient disputé les produits de son pinceau.

Mais les événements qui survinrent laissèrent à peine à cette école posthume le temps de montrer son épuisement. Les deux principaux patrons de Raphaël, Léon X et Augustin Chigi, le suivirent de très-près dans la tombe, et l'influence, alors prépondérante de Charles-Quint fit monter sur le trône pontifical son précepteur, Adrien VI, qui ne voulait voir, dans le culte de l'art antique, que la résurrection du paganisme. De là une impopularité irrémédiable, surtout auprès des artistes et des littérateurs, dont un bon nombre siégeait dans le sacré collége, et chaque réforme annoncée ou tentée par le nouveau pontife, ajoutait encore à cette impopularité, sans cependant faire oublier qu'il était le protégé du plus puissant souverain de toute l'Europe. Seulement on se dédommagea de cette contrainte en transférant aux Allemands, ses compatriotes, la qualification de *barbares*, par laquelle on s'était naguère vengé des Français.

La mort d'Adrien VI (1523), moins de deux ans après son élection, fut pour les Romains une véritable délivrance; et leur joie fut à son comble, quand un autre Médicis, sous le nom néfaste de Clément VII, fut proclamé son successeur. On crut naïvement qu'on allait voir renaître les beaux jours du pontificat de Léon X, et l'on regarda comme le prélude d'une seconde floraison dans l'école de Raphaël, la reprise des travaux interrompus par sa mort. Le vide laissé par cette catastrophe était à peine senti par le nouveau pape, moins difficile que son prédécesseur, et pour qui Jules Romain était un génie de premier ordre. Cette sympathie s'était manifestée quand il n'était encore que cardinal, et bientôt elle fut renforcée par la vue des merveilles que son artiste favori, qui connaissait les goûts de son patron, avait déployées dans la construction et dans la décoration de sa villa de Monte-Mario, tant admirée par les contemporains. Voilà sous quels auspices s'ouvrait pour Jules Romain le pontificat de Clément VII. Aussi entra-t-il immédiatement en fonctions comme successeur de Raphaël.

Nous avons vu que ce dernier avait exécuté les dessins d'après lesquels devait être peinte la salle de Constantin. Ainsi cette première tâche dans laquelle Jules Romain eut pour collaborateur son condisciple Penni, n'était pas difficile; mais la conscience de son génie ne lui permit pas de se conformer servilement au programme tracé par son maître, et il crut sans doute faire preuve d'originalité pittoresque en introduisant un nain monstrueux et nu dans celle des quatre compositions qui se prêtait le moins à ce genre de profanation; c'était le compartiment où la croix apparaissait à Constantin comme gage assuré de la victoire, et où tout était calculé pour faire de ce point lumineux un centre d'attraction vers lequel se tourneraient tous les regards. Il est vrai que ce hideux avorton servait au divertissement du cardinal Hyppolite de Médicis, et qu'une si puissante recommandation ne pouvait être balancée par aucune considération esthétique, pas même par le respect pour le dessin primitif de Raphaël ; car plusieurs des guerriers qu'il avait placés sur le premier plan comme spectateurs intéressés du miracle, furent impitoyablement supprimés pour faire place à cette figure repoussante[1].

La fresque où est représentée la victoire de Constantin sur Maxence, a été plus respectée, bienqu'en la comparant avec le dessin original, on y ait encore découvert quelques suppressions, mais sans circonstances aggravantes. On peut même dire, à la louange de Jules Romain, que jamais il n'a si bien interprété les pensées de son maître. Le sujet demandait précisément l'espèce de qualités qui le distinguaient entre tous les élèves de son école, une aptitude rare à rendre les mouvements violents et une verve d'exécution qui semblait se jouer de toutes les complications. D'ailleurs, il était là dans son élément ; non pas qu'il eût le goût ou l'intelligence de l'héroïsme militaire ou de tout autre héroïsme. Mais c'était une occasion pour déployer, sur une grande surface, le fruit des études qu'il avait faites sur les monuments antiques, et qu'il avait poussées plus loin qu'aucun

---

1. Tous ces détails sont appuyés sur l'autorité de Richardson, qui avait vu le dessin original de Raphaël dans la collection du duc de Devonshire.

autre artiste de son temps. Aussi sa puissance d'assimilation, dans ce domaine alors si exploité, fut-elle
son principal titre à la vogue prodigieuse dont il
jouit jusqu'à la fin de sa carrière.

Le Baptême de Constantin, sujet de la troisième
fresque, est l'ouvrage du faible pinceau de Lucas
Penni, qui semble n'avoir su s'inspirer des œuvres de
son maître qu'en un seul point, c'est-à-dire en cano-
nisant à sa manière le pape régnant, dont les traits
sont faciles à reconnaître dans la figure de saint Syl-
vestre, beaucoup moins imposante ici que dans le
portrait traditionnel de ce pontife.

La quatrième fresque, représentant la donation de
Constantin, est bien supérieure à la précédente, sans
cependant égaler les deux premières, ce qui laisse le
champ libre aux conjectures sur la part respective
des trois collaborateurs; car il y en avait un troisième, Rafaellino del Colle, qui avait déjà travaillé,
non sans succès, aux peintures de la Farnésine et qui
tenait, pour ainsi dire, le milieu entre Jules Romain
et Lucas Penni. Or, la fresque dont nous parlons,
offre précisément, du moins dans certaines parties,
ce caractère mitoyen, ce qui rend plus que probable
l'attribution qu'on en a faite à ce troisième disciple.

La même incertitude règne concernant les petites
compositions en clair-obscur et les figures isolées
peintes sur les quatre parois de la grande salle, et se
rattachant, par un lien allégorique ou historique,
aux quatre grandes fresques qui les surmontent ou
les séparent. Il faut cependant excepter la commé-

moration des prospérités du règne de Clément VII,
tracée avec toute la verve de la reconnaissance par
le propre pinceau de Jules Romain, et présentant aux
regards étonnés du spectateur les images d'une mul-
titude de dieux et de déesses et même des naïades
mêlées aux armes pontificales et à l'emblème de la
triple couronne. Il est vrai qu'on a corrigé cet
étrange appareil par une devise non moins étrange
faite pour désarmer la critique : *candor illæsus!*

Maintenant si, après avoir étudié toutes ces peintures, on veut résumer les impressions diverses produites par chacune d'elles, il est difficile de se
défendre d'un sentiment de tristesse en remontant
successivement de chambre en chambre jusqu'à la
dispute du Saint Sacrement. Il est vrai que la manière
de Raphaël s'est agrandie et qu'il a surpassé ses prédécesseurs comme ses contemporains dans la science
de la composition. Il est encore vrai que, dans cette
salle même de Constantin, il a déployé, comme ordonnateur de grandes scènes historiques, une verve
et une richesse d'imagination dignes à tous égards du
peintre de la chambre d'Héliodore; mais ici presque
tout avait été fait par la main du maître, et le reste
sous son inspiration immédiate, tandis que, pour
l'exécution des dernières fresques, on avait hérité de
ses dessins, mais sans hériter de son esprit. Cette
absence de génie vivifiant jette une sorte de voile
lugubre sur cette œuvre posthume, voile transparent
à la vérité, particulièrement dans la bataille entre
Constantin et Maxence; mais enfin ce n'est plus

Raphaël, et le lourd pinceau qui a remplacé le sien, ne laisse à ses vrais admirateurs aucune illusion. Que sera-ce donc quand, après avoir ainsi comparé le présent avec le passé, ils lèveront les yeux vers le plafond pour y contempler la misérable peinture que le pape Grégoire XIII y a fait tracer, sans doute pour servir de couronnement à toutes les autres [1].

Les travaux de Jules Romain dans le Vatican ne l'absorbaient pas tellement qu'il ne pût en même temps satisfaire l'empressement des amis que lui avait légués Raphaël, et dont l'aveuglement allait jusqu'à croire que l'élève avait hérité non-seulement des traditions techniques du maître, mais aussi de ses inspirations en matière d'art religieux proprement dit. On peut voir, dans l'église de Santa-Maria de Anima, dans la sacristie de Sainte-Praxède, dans le palais Borghèse, dans le musée du Louvre, dans les galeries de Florence et de Dresde, les prétendus chefs-d'œuvre qu'il produisit en ce genre, et dont plusieurs sont l'objet des éloges les plus outrés de la part du pauvre Vasari, servile écho de la flagornerie ou de la stupidité contemporaine ; car la critique esthétique, entraînée dans le mouvement général de décadence, devenait chaque jour moins libre et moins éclairée. Le haut patronage dont se couvrait Jules Romain et l'espèce de reflet qu'il empruntait à l'auréole de Raphaël, lui conféraient une sorte de dic-

---

1. Cette fresque fut peinte, vers la fin du seizième siècle, par un certain Tomaso Laurati qui rappelait, disait-on, la manière de Raphaël.

tature qu'il eût été dangereux de ne pas reconnaître, parce que, dans l'aristocratie romaine comme dans le sacré collége, on affirmait tout aussi résolûment son infaillibilité en matière d'art que celle du pape en matière de dogme.

A ce double ou triple patronage s'en joignait un autre qui devait bientôt les dominer tous et qui fut à la fois le fléau de l'art, de la littérature et des mœurs. Je veux parler du patronage de Pierre l'Arétin, le plus obscène de ses compagnons de débauche et le digne traducteur de la plus infâme de ses œuvres, à laquelle le graveur Marc-Antoine n'eut pas honte de prêter le concours de son burin. Dans ce produit commun de trois âmes profondément dépravées, on peut dire que l'obscénité fut portée jusqu'à la frénésie, et que l'art moderne n'eut plus rien à envier à la licence la plus délirante de l'art antique dans ses plus mauvais jours. Et le même peintre qui rendait ainsi son talent tributaire des maisons de prostitution, peignait en même temps des images de dévotion que ses puissants patrons plaçaient dans les églises ou dans les oratoires et devant lesquelles les âmes simples s'agenouillaient de bonne foi, pendant que le peintre, qui avait jeté cet aliment à leur *superstition*, allait stimuler, par quelque nouvelle orgie, son imagination affaissée par la débauche !

Pour se convaincre que ce défi jeté par Jules Romain à la pudeur publique n'était pas une simple fantaisie d'artiste, mais bien plutôt un symptôme d'oblitération du sens religieux et moral, il faut lire

un certain passage des mémoires de Benvenuto Cellini[1], et si cette révélation paraît insuffisante, on
pourra y joindre le récit des réjouissances plus que
païennes par lesquelles le disciple chéri de Raphaël,
entouré de compagnons et de compagnes recrutés
dans les plus mauvais lieux, célébra en 1524 la ces-
sation du terrible fléau qui venait de dépeupler plusieurs quartiers de Rome. C'était là son *Te Deum* et
son mode de participation aux actions de grâces qui
se chantaient dans les églises, au pied même des au-
tels décorés ou plutôt souillés de ses tableaux; car la
date est précise et ne laisse aucun doute sur ce syn-
chronisme scandaleux[2]!

Marc-Antoine, le moins coupable des trois complices, expia sa part du scandale par un court em-
prisonnement; quant à Jules Romain, il fut plus
triomphant que jamais, car sa prééminence sur tous
les autres artistes était si bien établie, que toute question qui le concernait se transformait en question
diplomatique. Celle qui s'agita bientôt à son sujet
entre deux grandes puissances qui se le disputaient,
menaçait l'existence de l'école Romaine dont il était
la vie. En effet, il ne s'agissait de rien moins que de
transférer le siége de sa royauté artistique de Rome à
Mantoue, et de substituer au patronage soi-disant
orthodoxe de Clément VII, le patronage plus large
de la dynastie de Gonzague. Le diplomate consommé

1. Voir le chapitre v des *Mémoires de Benvenuto Cellini*. Mi-
lano, 1624.

2. *Storia di Giulio Romano, scritta da Carlo d'Arco*, p. 24.

qui conduisit cette négociation était ce même Balthazar Castiglione, qui figure si souvent dans la vie de Raphaël, et qui aimait dans Jules Romain le disciple favori et le continuateur de son maître ; et il ne se trouva pas une seule voix contemporaine pour protester contre cette étrange identification !

L'installation du grand homme à la cour de Mantoue, en 1525, fut un événement qui eut du retentissement dans toute l'Italie. Jamais pareils honneurs n'avaient été décernés de son vivant, je ne dis pas à un peintre, mais même à un génie littéraire ou scientifique du premier ordre, quelque lumière qu'il eût versée sur son pays et sur son siècle. On accumula sur cette tête, facile à tourner, les faveurs et les honneurs de tout genre, et son nouveau patron, non content de l'associer à la noblesse et de l'attacher à sa personne par le titre de *vicaire de cour*, l'investit de propriétés urbaines et rurales qui, en donnant de la consistance à sa qualité de citoyen de Mantoue, lui facilitèrent un peu plus tard la conclusion d'un mariage assez semblable, sous le rapport de l'attrait conjugal, à celui que son maître avait été sur le point de conclure avec la nièce du cardinal Bibbiena.

Enfin, pour comble de prospérité, on livrait à son pinceau, sans aucune espèce de contrôle, des surfaces encore plus vastes que celles qui avaient été livrées à celui de Raphaël dans le Vatican, et on laissait un libre cours à ses fantaisies mythologiques, parce que ce domaine, vaguement circonscrit, était de sa compétence et parce que cet idéal était, à vrai dire, le seul qu'il eût jamais connu.

Bientôt la ville de Mantoue fut regardée, dans toute l'Italie, comme le véritable chef-lieu de l'école fondée par Raphaël, et les plus naïfs en firent une sorte de sanctuaire de l'art où l'on brûlait de se rendre en pèlerinage. Parmi les pèlerins parut un jour ce Francesco Penni, non-seulement condisciple et collaborateur de Jules Romain, mais encore son cohéritier après la mort de Raphaël, et par conséquent associé à sa douleur et à son deuil. Mais l'insolent parvenu, gêné sans doute par une familiarité qui n'était plus de son goût, fut si blessant dans son accueil qu'ils se séparèrent sur-le-champ pour ne plus se revoir. Quelle différence entre cette réception et celle qu'il fit plus tard à Vasari qu'il n'avait jamais vu et auquel il prodiguait, par une spéculation facile à comprendre, les caresses et les attentions les plus outrées, et cela devant la cour et la ville pendant quatre jours consécutifs. Aussi voyez, dans sa copieuse biographie, de quelle moisson d'éloges son visiteur a payé ses complaisances. Non content d'appliquer à quelques-unes de ses peintures la qualification de *divines*, il dit que, pour celles qu'il avait exécutées à Mantoue, la moitié des États héréditaires du duc n'aurait pas été une rémunération suffisante, et que, pour perpétuer dignement le souvenir du grand artiste, il aurait fallu placer sa statue dans tous les coins de la ville. Avant que cette singulière louange fût consignée par écrit, Jules Romain avait eu le bonheur de la recueillir de la bouche même de son futur biographe, et cette jouissance exquise dut lui donner un avant-goût de son immortalité !

Si du moins ses patrons et lui avaient été les seuls à prendre tous ces éloges au sérieux ! Malheureusement pour le goût public, il y avait alors, dans l'Italie centrale, une tendance contagieuse, de plus en plus prononcée, vers l'exagération des formes et en général vers les tours de force qui constituent le charlatanisme de l'art. On professait ouvertement, dans les écoles, une sorte de pitié respectueuse pour les timides productions, je ne dis pas seulement de la première, mais aussi de la seconde manière de Raphaël, et il y avait des champions fanatiques du progrès qui n'hésitaient pas à mettre les fresques de la chambre de la *Segnature* bien au-dessous de celles du palais de Mantoue ! Aujourd'hui que la critique est dégagée de toutes les entraves traditionnelles et que les documents abondent, tant sur l'histoire de ces trop fameuses peintures que sur celle de leur auteur, on a peine à comprendre l'enthousiasme dont elles furent l'objet, même de la part de ceux qui passaient pour des juges infaillibles en matière de goût. Il est vrai que, pour l'exploitation du paganisme et surtout du paganisme mythologique, Jules Romain n'avait pas de rival ; mais il est encore plus vrai que sa manière de l'exploiter, comparée avec celle de Raphaël, était une véritable décadence, non pas au point de vue de la hardiesse des lignes et de la fougue du dessin, mais au point de vue de l'intelligence des mythes,

dont Jules Romain n'étudia jamais que le côté super-
ficiel. Pour mesurer la distance qui, sous ce rapport
comme sous tous les autres, sépara le disciple du
maître, il suffit de comparer entre elles, à l'aide de
la gravure, la fable de Psyché dans la Farnésina et le
même sujet dans le palais de Mantoue. Non-seulement
c'est une autre interprétation, mais encore un autre
style, je dirais presque une autre école.

Quant aux monstruosités pompeusement étalées
dans la salle des Géants, et qui étaient sans doute une
espèce de défi jeté à Michel-Ange, elles prouvent que
leur auteur ne concevait ce mythe que sous son aspect matériel et brutal, et qu'il n'y voyait qu'une
belle occasion pour multiplier les gros muscles et les
flexions savantes du corps et des membres. C'était
cette même passion de faire ressortir fortement les
saillies musculaires qui lui dictait le choix de ses
sujets bibliques et la manière de les traiter. Ce type
si attrayant du jeune David vainqueur du géant Goliath, est devenu, sous le pinceau vulgaire de Jules
Romain, un héros de carrefour ou un lutteur de profession, dont le visage aplati n'est illuminé par aucun
rayon. Quant aux scènes de la vie domestique, on ne
sait pas comment les caractériser, tant les nudités cy-
niques y abondent, non point par ostentation anatomique, mais pour le seul plaisir de braver ou de bles-
ser la pudeur. On voit que l'artiste, en s'inspirant
des bas-reliefs antiques, n'avait pas laissé au hasard
seul le soin de lui fournir ses modèles.

Heureusement pour lui, il eut à peindre des batailles, et plus heureusement encore, ce furent des batailles homériques, de sorte qu'il a pu y déployer à la fois toute l'impétuosité de sa verve et sa science des costumes antiques. Jamais on n'a mieux rendu tous les détails d'une mêlée, avec toutes les complications des chars, des chevaux et des guerriers qui s'élancent ou se heurtent dans des attitudes infiniment variées. Jamais on n'a mis plus de vie dans ce genre de représentations, et les lecteurs de l'*Iliade*, alors plus nombreux dans les cours, devaient trouver dans celle de Mantoue un riche supplément aux émotions que leur avait fait éprouver leur poëte favori. Seulement les types d'Homère devaient leur paraître supérieurs à ceux de Jules Romain, sous le pinceau duquel les héros et même les dieux sont toujours plus ou moins farouches, tant il est vrai que la notion de l'idéal, soit païen, soit chrétien, lui était parfaitement étrangère.

Pour que le parallélisme fût complet entre la série de ses œuvres et la série des œuvres de Raphaël, il restait encore une tâche à remplir, mais cette tâche était celle qui demandait le plus de hardiesse, à cause des dangers de la comparaison. On comprend que je veux parler ici des cartons de tapisserie, qui avaient été exécutés sous les yeux de Jules Romain et auxquels il faisait parfois des emprunts assez bizarres[1];

1. Par exemple, en voulant représenter la vocation de Pierre et André, il a pris la figure de saint Paul prêchant devant l'aréopage, pour en faire la figure du Christ. C'est la même pose, le même costume et le même geste.

mais il ne pouvait leur rien emprunter pour ses compositions favorites qui roulaient presque exclusivement sur les aventures amoureuses des grandes et des petites divinités païennes[1], ou sur les exploits des héros antiques. Ce genre de décoration qui offrait aux dynasties royales ou autres l'alliance si flatteuse d'un grand luxe et d'un grand goût, était devenue l'accompagnement obligé de leur magnificence, et cette circonstance même devait exposer cette branche de l'art à une plus prompte décadence que les autres, surtout entre les mains d'un artiste si peu mesuré que Jules Romain, comme on peut s'en convaincre en comparant ses cartons avec ceux de Raphaël.

Le fait est que son influence, qui s'étendit bien au delà du territoire de Mantoue et même au delà des Alpes, accéléra le mouvement de décadence qui avait successivement gagné toutes les écoles, et, parmi les artistes sortis de la sienne, il n'y en eut pas un seul qui se sentît la vocation de racheter la moindre partie du mal fait par son maître; tous visèrent plus ou moins à produire des effets superficiels, comme si la peinture de décoration était devenue pour eux l'art par excellence. Aujourd'hui bien peu de regards s'arrêtent sur les misérables travaux exécutés par eux; mais leurs contemporains ne se montrèrent pas si difficiles!

Quand Jules Romain mourut en 1546, la plupart

---

1. Cinq de ces cartons mythologiques se trouvent dans le musée du Louvre, et suffisent pour donner une idée de la manière dont Jules Romain traitait ce genre de sujets.

de ses condisciples vivaient encore; mais il n'y en avait pas un seul qui fût resté fidèle aux traditions du maître. Celui dont la déviation fut alors la plus marquée et qui, pour cela même, fut le plus prôné par les arbitres du goût et particulièrement par Vasari, avait aussi lui la passion des nudités mythologiques et autres; c'était Pierino del Vaga que Jules Romain et Francesco Penni avaient enrôlé au service de Raphaël à cause de la réputation qu'il s'était faite en copiant mieux qu'aucun autre le fameux carton de Michel-Ange et d'autres ouvrages du même maître. C'était comme l'acquisition d'un transfuge très-initié aux procédés de la puissance rivale.

Cette tendance, jointe à son enthousiasme pour l'antique et à son intimité avec Jules Romain et Penni devenu son beau-frère, déterminait d'avance la direction que prendrait son talent, quand il serait émancipé du contrôle de leur maître commun; mais elle garantissait aussi d'avance les éloges dithyrambiques que devait lui décerner son historiographe Vasari qui, dans l'appréciation de ses œuvres, s'est montré ridiculement prodigue des qualifications les plus outrées.

Jamais peut-être on ne vit un artiste pousser aussi loin que lui le double charlatanisme de l'art et du caractère. Après avoir indigné les Florentins par ses fanfaronnades devant les fresques de Masaccio qu'il prétendait pouvoir égaler, il les dégoûta par ses accès de frayeur qui lui faisaient laisser des ouvrages inachevés, d'abord à Florence même, puis au couvent des Camaldules, où il avait pourtant une tâche bien douce à remplir, puisqu'il devait y peindre, sur une grande surface, les *Dix mille Martyrs*, pour lesquels il se sentait transporté d'un véritable enthousiasme anatomique. Or, l'idée du martyre ou du sacrifice lui resta toujours aussi étrangère que celle de l'extase ou de la transfiguration, et, pour ce qui est de ses tableaux religieux, tout y est tellement conventionnel pour les formes, tellement vulgaire pour les types et les attitudes, en un mot, tellement dépourvu de tout caractère idéal, qu'on peut à bon droit les exclure du domaine de l'art chrétien.

Malheureusement cette exclusion ne fut pas prononcée par ses contemporains, pas même par celui d'entre eux qui aurait dû donner le premier signal, je veux dire par Clément VII, dont l'avénement avait eu pour effet d'exalter, presque jusqu'au délire, la présomption de Pierino del Vaga que le nouveau pontife avait paru préférer à tous les autres élèves de Raphaël, soit quand il aidait son maître à peindre les loges du Vatican, soit quand il exécutait, à lui seul, dans l'église de San-Marcello, ces fresques merveilleuses dont Vasari a parlé avec tout l'enthousiasme que lui imposait ce haut patronage[1].

Mais toutes les espérances qu'il avait fondées sur cette bonne fortune, furent bientôt détruites par la catastrophe de 1527, qui acheva la dispersion de

---

1. *La quali cose fanno stupire ognuno* — et en parlant des fresque de San-Marcello : *il più belli putti che in fresco facesse mai artifice nessuno.*

l'école de Raphaël et qui imprima une secousse si
violente à l'imagination de Pierino qu'il faillit en devenir fou. Les soldats espagnols, non contents de lui
faire payer une rançon pécuniaire, en exigèrent une
autre sous forme de dessins et de gouaches dont les
sujets étaient imposés par eux, et ils ne lâchèrent leur
prisonnier qu'après avoir bien joui de ses frayeurs.
Ce fut à la suite de cette aventure que son ami Ba-
viera, connaissant son dénûment et ses aptitudes, lui
fit dessiner, en guise d'*ex-voto*, les amours des dieux
que le burin de Cavaglio et les louanges trop peu
mesurées de Vasari ont recommandés à l'attention
de la postérité. Ceci rappelle les orgies de Jules Romain après la peste de 1524!

Tout ce que fit Pierino, dans les vingt années qui
suivirent, accuse la même émulation. Il chercha
aussi lui, partout de grandes surfaces pour les cou-
vrir de ses fresques, il vint à Gênes où il crut avoir
enfin atteint le but de sa suprême ambition dans le
palais Doria, et où sa présomption jointe au désor-
dre de ses mœurs le rendit un objet de mépris et de
pitié. On peut voir encore aujourd'hui les misérables productions de son pinceau, toutes empreintes
de la contagieuse platitude qui était un des signes du
temps et qui, chez lui, n'était même pas compensée
par le coloris. Si le tableau qu'il peignit vers la même
époque pour le dôme de Pise, semble contredire
cette appréciation, c'est parce qu'il fut terminé, en
son absence et à son grand dépit, par A. Sogliani,
bien meilleur coloriste que lui.

Cette blessure faite à son amour-propre détermina son départ pour Rome où la plus brillante perspective s'ouvrait de nouveau devant lui à cause du patronage assuré de la famille Farnèse devenue toute-puissante. Le rôle qu'il y joua jusqu'à sa mort est un des plus tristes spectacles que nous offre l'histoire de cette pauvre école romaine alors si déchue. S'il avait encore respecté son art dans les peintures du palais Doria à Gênes, il perdit complétement ce respect dans la plupart de celles qu'il exécuta sur la fin de sa courte carrière, et la honte d'étaler ses misères auprès des chefs-d'œuvre de ses devanciers ne le touchait pas davantage. Ce fut alors qu'il peignit la *Résurrection de Lazare*, avec d'autres sujets bibliques, dans une chapelle de la Trinité du Mont. C'était une belle occasion de déployer sa science du nu, et ce succès, hautement apprécié par son éminent patron le cardinal Farnèse, valut à l'artiste l'honneur de tracer ses petites compositions en grisaille au-dessous des plus belles fresques de Raphaël.

Dès lors son ambition et son arrogance ne connurent plus de bornes. Non-seulement il se posa comme le légitime successeur de son maître, mais il voulut avoir, comme lui, son cortége de disciples obséquieux auxquels il laisserait le soin d'exécuter ses cartons ou d'achever ses esquisses ; et l'on peut juger de la valeur de ces productions mixtes[1] par le

---

1. Je citerai celles de San-Salvatore del Lauro, de San-Bartolomeo in Isola et de San-Giuseppe à Ripetta.

ton sur lequel en parle Vasari dont l'admiration systématique en fut plus que déconcertée ; mais leur auteur ne s'en crut pas moins appelé à revendiquer pour lui seul tous les travaux de Rome, non pas pour accaparer à son profit la gloire qui en résulterait, mais pour donner à son insatiable cupidité toutes les satisfactions qui étaient à sa portée[1]. Aussi l'idée d'un partage avec un rival quelconque, soit passé, soit présent, soit futur, excitait-elle en lui une sorte de fureur ; à Florence, c'était Masaccio qui lui faisait ombrage; à Gênes, c'était Girolamo de Trévise, bien meilleur coloriste que lui et que ses brutalités forcèrent à la retraite; à Rome, c'était Aristotile di San-Gallo et surtout Titien qui, y paraissant pour la première fois en 1546, précédé de sa célébrité européenne, était l'objet d'une curiosité bienveillante qui menaçait de dégénérer en admiration. Cette menace parut se réaliser dans toute son étendue, quand le bruit courut que Paul III allait confier au pinceau du grand artiste la décoration partielle de la salle des Rois que Pierino del Vaga regardait comme son domaine. L'épreuve était trop forte pour lui, et ses facultés ne recouvrèrent leur équilibre que quand il sut que ce formidable concurrent avait repris le chemin de ses lagunes. Alors l'âpreté du gain se combinant en lui avec l'âpreté de la haine et avec tous les genres de sensualité, il offrit dans ses derniers

---

1. *Aveva sete più di guadagno che di gloria.... avevasi acquistato un'autorità che a lui si allogavano tutti i lavori di Roma.* Vasari. *Vita di Pierino del Vaga.*

jours le spectacle d'un affaissement physique et moral qui inspirait encore plus de dégoût que de pitié[1] !

La prise de Rome par les soldats de Charles-Quint en 1527, avait été, comme nous l'avons déjà dit, une véritable catastrophe pour l'école Romaine qui disparut tout à coup comme dans une tempête. Jean d'Udine s'était enfui dans sa patrie, mais pas assez tôt pour se soustraire aux brutalités et au pillage ; il en fut de même de Vincenzo de San-Gimignano qui, malgré les charmes de la ville natale, y devint triste comme dans une terre d'exil. Mais la victime la plus intéressante entre toutes, tant par son caractère, que par sa célébrité, fut Balthazar Peruzzi, le plus pur représentant des traditions laissées par Raphaël, le seul qui sût encore exploiter l'antiquité classique, sans manquer au respect dû aux imaginations restées saines parmi ses contemporains. Il y avait dans ses manières, dans ses traits et surtout dans l'expression de son visage, une noblesse naturelle qui, au lieu d'en imposer à ses spoliateurs, leur persuada qu'ils avaient affaire à quelque grand personnage travesti dont ils pourraient extorquer une grosse rançon. Il n'en fallut pas davantage pour le mettre à la torture, et le malheureux fut forcé de leur livrer tout le fruit de ses longs travaux, outre une somme considérable qu'il dut emprunter pour les satisfaire ;

---

1. *Dalle fatiche dell' arte e dai disordini di Venere e della bocca guastatasi la complessione.* Vasari.

puis, quand on eut découvert qu'il était peintre, il dut, en cette qualité, se racheter une seconde fois, en faisant le portrait du cadavre du connétable de Bourbon, que Vasari, échauffé par son récit, stigmatise avec un accent d'indignation qui ne lui est pas ordinaire [1].

Là ne devaient pas finir les épreuves de Balthazar Peruzzi. Dépouillé dans sa fuite par d'autres brigands, il arriva à Sienne dans un état de nudité presque complète, et il trouva une ressource provisoire contre la misère dans l'emploi d'architecte militaire qui lui fut confié par la Seigneurie. Mais le souvenir de Rome le poursuivait toujours, et il fallut toute l'amertume d'une dernière expérience pour détruire ses illusions. Pendant que Pierino del Vaga se parait scandaleusement du patronage lucratif de Paul III, ce même pontife laissait l'ami de Raphaël vieillir dans un état voisin de l'indigence ; et, quand il voulut enfin venir à son secours, il était trop tard (1537).

Parmi les artistes que dispersa le sac de Rome, il faut encore compter Polydore de Caravage et son ami Mathurin, tous deux collaborateurs de Raphaël dans les loges du Vatican, mais collaborateurs subalternes par la modestie de leurs prétentions plutôt que par la conscience de leur infériorité ; car, pour l'intelligence de l'art et particulièrement de l'art antique, ils ne le cédèrent pas à Jules Romain lui-

1. *Quel sceleratissimo capitano, nemico di Dio e degli uomini.*

même, et ils eurent sur lui et sur tous les artistes contemporains, l'avantage de parler leur langue à la population tout entière, au moyen d'un procédé nouveau qui devenait un enseignement historique et esthétique pour les classes étrangères à cette double éducation. Ce procédé, introduit d'abord par Balthazar Peruzzi, se perfectionna si rapidement entre leurs mains, que bientôt les façades des palais et des maisons se couvrirent de grisailles (*camaïeu* ou *sgraffio*) représentant, sous des formes éminemment classiques, des sujets empruntés pour la plupart aux souvenirs glorieux de la République, de sorte qu'on eut sous les yeux, dans les rues même de Rome, une sorte d'histoire romaine dont les chapitres, pour être épars, n'en étaient pas moins intelligibles; et, s'il leur manquait quelque chose sous le rapport de l'enchaînement, ce défaut était largement compensé par la correction du style et par l'assimilation la plus heureuse qu'on eût encore vue de l'esprit dans lequel avaient été conçus et exécutés non-seulement les bas-reliefs antiques, mais aussi les vases, les tombeaux, les colonnes et tous les genres d'ornements accessoires. Aussi les ouvrages des deux amis furent-ils regardés, tant qu'ils subsistèrent, comme une partie de l'héritage traditionnel laissé par les grands maîtres. Aujourd'hui, grâce à l'émulation de vandalisme entre les propriétaires de ces monuments, l'on est réduit à quelques fragments plus ou moins mutilés entre lesquels je signalerai une admirable histoire des *Niobides,* tracée sur la façade d'une mo-

deste maison près de la rue de Saint-Apollinaire[1].
Or cette composition ne forme pas la centième partie des ouvrages dont les deux amis avaient décoré la
ville de Rome.

D'autres malheurs les attendaient à Naples où ils
avaient été précédés par Francesco Penni, lequel
avait trouvé dans le patronage du marquis del Vasto
un dédommagement à l'insolence de Jules Romain.
Mais ils ne trouvèrent ni Penni ni son patron, et l'insouciance de la noblesse napolitaine pour la branche
de l'art qu'ils avaient spécialement cultivée, les con-
traignit à partir. Vasari dit, sans plus de détails, que
Mathurin prit la fuite et que la peste, à laquelle il
succomba bientôt après, ne fit qu'achever l'ouvrage
commencé par ses malheurs. D'autres épreuves et
une catastrophe bien autrement tragique attendaient
Polydore à Naples. Accueilli d'abord par son condisciple André de Salerne, resté plus fidèle que beaucoup d'autres aux inspirations de Raphaël, il espéra
tirer parti de leur commun apprentissage pour se
recommander à la noblesse napolitaine; d'ailleurs il
se souvenait des encouragements qu'avait trouvés
dans cette même ville Francesco Penni, après l'insolent accueil que Jules Romain lui avait fait à Mantoue. Mais le marquis del Vasto, qui l'avait consolé
par son patronage, était en Lombardie et jouait
maintenant le même rôle auprès des artistes lombards

---

1. Un beau dessin de cette grisaille est conservé au palais Corsini.

ou vénitiens, de sorte qu'il ne restait plus à Naples qu'une plèbe aristocratique dont Polydore résolut de s'éloigner *comme de gens pour qui un cheval qui se cabre était un objet plus intéressant que des figures qui s'animent sous le pinceau d'un peintre* [1].

Il alla donc chercher fortune en Sicile où il trouva *plus d'honneur et de pitié*, dit Vasari, et où le débarquement de Charles-Quint après son expédition de Tunis, donna lieu à des réjouissances et à des pompes triomphales pour lesquelles Polydore eut à exécuter des peintures de décoration sur une très-grande échelle, ce qui lui donna d'immenses profits *premio infinito*, dit son biographe, et par suite, un immense désir, qui n'était plus chimérique, de revoir sa chère ville de Rome qu'il regrettait toujours et où la mort semblait lui devoir être plus douce que partout ailleurs. Mais il aurait voulu, avant de quitter le lieu de son exil, laisser après lui un monument qui servirait de réponse victorieuse à la critique de ceux qui l'accusaient d'avoir perdu, par son culte trop exclusif de l'antique, non-seulement le sens du coloris, mais encore toute notion de l'idéal religieux et par conséquent toute aptitude à le reproduire.

La pensée en elle-même était téméraire, et le sujet était encore plus témérairement choisi, car il avait été traité par Raphaël lui-même dont le tableau, placé dans une église de Palerme, était aussi connu des Siciliens que leur mont Etna. C'était le fameux por-

---

1. Vasari, *Vita di Polidoro e Maturino.*

tement de croix, voisinage désespérant, s'il en fut jamais. Polydore ne recula pas devant cette concurrence, et l'on peut voir encore aujourd'hui, dans le musée de Naples, le fruit de sa malencontreuse inspiration, et une nouvelle preuve de la décadence fatale dans laquelle était entraîné tout ce qui avait appartenu à l'école Romaine.

Mais les contemporains furent satisfaits, et Vasari, l'oracle de son siècle, dit que ce fut *une œuvre véritablement très-excellente*. L'artiste fit donc gaiement ses préparatifs de départ et prit possession de son trésor déposé par lui dans une banque. Pour se l'approprier d'une manière sûre, un assassinat parut nécessaire au domestique sicilien qu'il avait pris à son service, et cet assassinat fut commis sur le malheureux Polydore avec les circonstances les plus atroces. Pitoyable destinée s'il en fut jamais, et que Vasari lui-même, avec toute sa sécheresse de cœur, n'a pu raconter sans un certain attendrissement !

Ainsi tous ces disciples de Raphaël, dispersés par la tempête de 1527 ou par d'autres causes, allèrent porter dans toutes les directions des germes de décadence qui, produisant des fruits de plus en plus dégénérés, donnèrent à l'Italie un spectacle qui l'aurait profondément humiliée, si le sentiment du beau n'avait pas subi, dans toutes les classes de la société sans excepter les plus hautes, des altérations analogues. Cette dépravation contagieuse du goût public dans toutes les villes les plus renommées pour le culte des lettres et des arts, se glissait imperceptiblement sous le nom spécieux de progrès et gagnait d'autant plus sûrement les esprits, que ce progrès était réel dans la partie mécanique et superficielle de l'art; mais on ne voyait pas ou l'on ne voulait pas voir le ver rongeur qui en attaquait les parties vitales, et l'on fermait les yeux sur la violation de plus en plus flagrante des conditions auxquelles il devait d'avoir été si prospère. On eût dit qu'il y avait un accord tacite pour regarder tous ces disciples du grand maître comme une espèce de dynastie qu'on persistait à ménager par respect pour son fondateur.

Mais on comprend plus difficilement la vogue dont ils jouirent en dehors de l'Italie, dans des pays où il y avait des écoles nationales assez fortes pour réagir contre l'influence trop prépondérante d'une école étrangère. Je ne parle pas de l'Angleterre, où Luca Penni trouva sur le trône un despote aussi étranger à toute notion d'idéal qu'à tout sentiment de pudeur ou d'humanité; mais en France où il y avait des traditions non moins pures que fécondes, où Louis XII avait donné naguère, dans ses rapports avec l'école Lombarde, l'exemple d'un patronage non moins intelligent que généreux, on a peine à concevoir que son successeur, qui avait commencé par s'éprendre des ouvrages de Raphaël, se soit ensuite épris du charlatanisme de Primatice au point de croire sa dignité royale compromise, s'il ne traitait pas cet élève de Jules Romain aussi magnifiquement que son maître avait été traité par le duc de Mantoue. En Allemagne, où il y avait aussi une école et même une école pleine de séve et de vie, les choses se passèrent tout autrement. Au lieu d'attendre que l'école Romaine ou un de ses rameaux dégénérés se transplantât chez eux, les artistes se transplantèrent eux-mêmes au centre des influences les plus menaçantes pour leur nationalité pittoresque. Les uns, comme Albert Dürer, traversèrent cette zone torride sans que leur pinceau perdît rien de sa fraîcheur et de son originalité ; mais il n'en fut pas de même de son élève George Pens de Nuremberg, dont l'imagination fut tellement subjuguée par les œuvres de Raphaël, que leur influence se fait sentir non-seulement dans ses tableaux historiques qui sont d'ailleurs très-rares, mais encore dans ses portraits et jusque dans ses gravures.

Les Pays-Bas fournirent aussi leur contingent à cette troupe de pèlerins plus occupés des fresques du Vatican que du tombeau de saint Pierre.

Le premier d'entre eux, par la date et par l'importance, est Jean de Maubeuge, qui passa plusieurs années à Rome, à l'époque même où Raphaël et Michel-Ange peignaient, l'un les chambres du Vatican, l'autre la voûte de la chapelle Sixtine; mais c'était aussi l'époque de l'enthousiasme universel pour les marbres antiques, et comme son patron, le prélat Philippe de Bourgogne, ambassadeur près du Saint-Siége, était tenu, en cette qualité, de partager cet enthousiasme, ce fut de ce côté que Jean de Maubeuge dut tourner d'abord son attention; puis il se laissa passionner pour les nudités anatomiques, et l'idée d'introduire ces deux innovations merveilleuses dans l'école Flamande, qui ne lui avait jamais paru si pauvre, s'empara de son esprit avec une telle force, qu'il prolongea son second apprentissage à Rome pendant dix années consécutives.

Les fruits de cet apprentissage se trouvent en Flandre et ailleurs, et on peut se donner le plaisir de les comparer avec ceux du premier, bien qu'ils soient beaucoup plus rares. Parmi les tableaux religieux qu'il peignit en Angleterre, à l'âge de vingt-cinq ans, quand il travaillait à la cour de Henri VII, il en est un, plus célèbre que tous les autres, représentant l'*Adoration des Mages*, et rappelant autant par l'élévation de la pensée que par la vigueur du coloris et le fini de l'exécution, les meilleurs produits de l'école si fortement originale à laquelle il appartenait encore tout entier. Quel contraste entre ses inspirations d'alors et celles qu'il rapporta d'Italie dans son âge mûr! Non-seulement ce n'était plus le même faire, ni le même ton de couleur, ni les mêmes types, mais le caractère de ses compositions était complétement changé. Il étalait son goût pour le nu même dans celles que leur pieuse destination semblait mettre à l'abri de ce genre de profanation, à plus forte raison dans les sujets mythologiques qui ouvraient une réjouissante perspective de licence à son imagination et à son pinceau. Ce genre licencieux était d'ailleurs plus en harmonie avec ses mœurs, non moins dépravées que celles des plus mauvais élèves de Raphaël,

mais qui ne scandalisaient pas ses nouveaux protec-
teurs, bien qu'il comptât parmi eux l'abbé de Middel-
bourg et le roi de Danemark lui-même. Ce haut et
brillant patronage ne l'empêchait pas de souiller sa
vieillesse par les excès du vin et de la débauche, et
l'on comprend que ses disciples devaient faire auprès
de lui un étrange apprentissage.

Il y en eut un cependant pour qui son exemple ne
fut pas contagieux, au point de vue des mœurs, ni
même d'abord au point de vue de l'art; c'était le
Hollandais Schoorel, que son dégoût pour les orgies
dont il était témoin fit passer dans l'atelier de Quintin
Messis, dont le naturalisme séduisant l'aurait captivé
pour toujours, si son amour pour la fille de son nouveau maître ne l'avait jeté dans de romanesques aventures. En revenant d'un pèlerinage à Jérusalem, il
ne put résister au désir de visiter les merveilles enfantées par l'école Romaine et d'ajouter cette dernière impression à celle qu'il emportait de ses longs
voyages. Malheureusement, l'heure de la décadence
avait déjà sonné pour cette école, de sorte qu'au lieu
de s'inspirer du génie de Raphaël ou de celui de
Michel-Ange, le naïf pèlerin ne fit que grossir le
nombre de leurs superficiels imitateurs. De cette
imitation passagère combinée avec son éducation
flamande, naquirent des produits d'un caractère
mixte, dans lesquels prédomine l'élément national,
bien que très-affaibli.

Martin Van Veen, plus connu sous le nom
d'Heemskerck, fit aussi le même voyage obligé d'Ita-

lie pour y subir la même métamorphose. Il y avait
été précédé par Bernard Van Orley, appelé à exercer
en Flandre une bien plus grande influence que lui,
parce qu'il se proclamait disciple immédiat de Raphaël et parce que le patronage de Marguerite d'Au-
triche tenait en respect tous ses rivaux. Bientôt son
art devint un métier entre ses mains mercenaires, ce
qui lui valut le surnom de *Potlepel* (cuiller à pot),
parce qu'il semblait puiser ses figures dans les vases
qui contenaient la couleur.

Cette décadence était d'autant plus déplorable que
Bernard Van Orley s'était fait connaître, avant sa
défection, par des productions qui donnaient de lui
les plus belles espérances, et son tableau de la *Descente du Saint-Esprit*, qu'on voit dans la galerie du
Belvédère à Vienne, prouve que ces espérances n'é-
taient pas chimériques. Mais quand, à son retour de
Rome, il se mit à peindre le *Jugement dernier* dans
l'église de Saint-Jacques, à Anvers, ce n'était plus le
même pinceau, ni les mêmes inspirations. Un faux
idéalisme avait remplacé la naïveté de ses premières
œuvres, et son coloris, naguère si frais et si transparent, était devenu sec et métallique, particulièrement
dans les carnations; mais il avait le bonheur de ne
pas s'en apercevoir, et il travaillait consciencieuse-
ment à initier ses élèves au secret de cette merveilleuse transformation. Celui d'entre eux qui se ressentit le plus de cette initiation fut Michel Coxis, qui,
après avoir fait son pèlerinage obligé dans la grande
cité pleine du souvenir et des chefs-d'œuvre de Ra-

phaël, revint tellement convaincu de la supériorité de cette école sur toutes les autres, que, joignant à sa qualité d'adepte celle de missionnaire ardent et exclusif, il se mit à prêcher, par l'enseignement et par l'exemple, l'infaillibilité de Raphaël, comme d'autres prêchaient alors l'infaillibilité du pape. Il ne soupçonnait pas qu'en reniant ainsi ses devanciers de Flandre et d'Allemagne, il étouffait des germes qui étaient alors près d'éclore, semblable à cet agriculteur borné qui semait dans son champ du pain au lieu de blé, dans l'espoir de hâter ou d'améliorer sa moisson.

Enfin, pour achever l'énumération des conquêtes du dehors, il faut joindre à tous ces noms celui du peintre espagnol Pedro Campaña, qui, tout en s'inspirant des compositions de Raphaël, comme il l'a fait en peignant son célèbre tableau de la *Descente de croix* dans la cathédrale de Séville, a su conserver, mieux qu'aucun autre imitateur, sa fierté nationale, ainsi que le coloris propre à son école; et cependant il avait fait un assez long séjour en Italie, et même il avait gagné les bonnes grâces de Charles-Quint en peignant l'arc de triomphe sous lequel cet empereur avait fait son entrée à Bologne en 1530. Malgré ce mauvais apprentissage et les séductions attachées à cette haute faveur, qui ne fut pas passagère, Pedro Campaña, tout en sacrifiant quelque chose à l'idole du jour, ne poussa jamais trop loin les concessions et mérita d'être le maître de celui que les Espagnols appellent le divin Moralès.

Ainsi, la révolution produite par Raphaël et son école avait conquis ou du moins entamé successivement tous les pays de l'Europe, à l'exception du mont Athos, où les moines, accroupis sans verve sur des types dégénérés, continuèrent de fabriquer, pour un culte exclusif de tout progrès, leurs images traditionnelles.

Il y avait en Italie une autre école dont les premières traditions remontaient à la même source que celles du mont Athos, mais qui en avait fait un tout autre usage ; c'était l'école Vénitienne, rameau vivant détaché de l'école Byzantine avant que le schisme en eût desséché le tronc, rameau planté et cultivé par des mains héroïques et destiné à porter des fruits qui conservèrent leur saveur propre quand les autres écoles n'en avaient plus aucune. Voilà précisément le spectacle que présentait Venise à l'époque où presque tout le reste de l'Italie se laissait fasciner par les prétendues merveilles du pinceau de Jules Romain ou de ses condisciples. Vasari lui-même, leur bouillant admirateur, a mis, sans y penser, cet antagonisme dans tout son jour quand il raconte la querelle à laquelle donna lieu une violente jalousie de métier entre Pierino del Vaga et Girolamo da Trevigi, pendant qu'ils travaillaient ensemble, à Gênes, dans le palais Doria. Le premier avait pour lui le prestige de l'école dont il sortait, le second ne s'était pas encore dépouillé des qualités qui caractérisaient la sienne. Force lui fut donc de partir et de chercher fortune ailleurs, en attendant qu'il eût transformé son style.

C'est à Bologne qu'il faut voir les tristes fruits de cette transformation. Il y en a dans l'église de Saint-Pétrone où il sacrifia son riche coloris vénitien pour tracer froidement en grisailles la poétique légende de saint Antoine de Padoue; il y en a dans l'église de Saint-Sauveur, et c'est là surtout qu'on peut établir la balance entre ses gains et ses pertes; car, à côté d'un tableau de sa première manière, où il a représenté, avec des couleurs dignes de ses premiers maîtres, la Vierge enfant montant les degrés du temple, il s'en trouve un autre, d'une date bien postérieure, que Vasari lui-même signale comme la plus pauvre entre toutes les productions qu'il avait laissées à Bologne; car il y fit un assez long séjour, luttant avec désavantage contre d'autres imitateurs de Raphaël, particulièrement contre Innocenzo da Imola, dont les fresques, dans le réfectoire de *San-Michele in Bosco*, prouvent avec quel succès il avait tenté cette aventureuse imitation, qui d'ailleurs n'était pas en désaccord avec son éducation première.

Quant au pauvre Girolamo, on ne lui savait gré d'aucun de ses sacrifices. Il avait beau faire des grisailles ou colorier les tableaux d'autrui, il trouvait des caractères encore plus intraitables qu'à Gênes. Il faut qu'il ait été bien dominé par un accès de découragement, quand il alla peindre, dans un faubourg de Faenza, les fresques de la commende de fra Saba, triste fruit d'une déviation que son biographe Vasari s'est obstiné à ne pas comprendre; car, dans le préambule même de cette biographie si instruc-

tive pour l'histoire du temps, on lit ces paroles in-
croyables :

« Il arrive rarement que ceux qui persistent à travailler dans le lieu de leur naissance soient élevés par
la fortune à ce degré de félicité auquel ils ont droit
par leur mérite. »

Or, la félicité qui couronna la très-courte carrière
de Girolamo da Trevigi et le fit passer, suivant la
curieuse locution de Vasari, *d'une extrême calamité
à une très-grande grandeur*, cette félicité qui com-
pensait et au delà tous les sacrifices de l'expatriation,
fut de construire des bastions pour Henri VIII dans
sa guerre contre la France (1544) et d'être coupé en
deux par un boulet dès sa première campagne.

L'école Ferraraise pourrait être regardée comme
un avant-poste de l'école Vénitienne contre les influences qui dominaient sans partage à Mantoue et à
Bologne; non pas que la dynastie d'Este fût mieux
inspirée, sous ce rapport, que la dynastie de Gonzague; car nous savons qu'il y eut, en 1535, des négociations sérieuses entamées par le duc Hercule II avec
Jules Romain, pour lui faire peindre et décorer son
palais du Belvédère, négociations qui échouèrent avec
d'autres du même genre, sans que la supériorité esthétique du négociateur fût pour rien dans ce dénoûment. Mais il y avait, dans les produits de cette école
mitoyenne, une originalité féconde qui attestait non-
seulement sa vitalité, mais aussi une rare puissance
d'assimilation, dans les limites de sa vocation naturelle. C'est ainsi qu'après avoir vu éclore, sous ses

yeux, quelques ouvrages de Bellini et de Titien, elle s'assimila le coloris de l'école Vénitienne, tout en réservant son indépendance pour le choix des types. Celui qui courut le plus de risque à la recherche des siens fut Benvenuto Garofalo, qui devint, pendant quelque temps, disciple de Raphaël, et ne put se soustraire, pendant son séjour à Rome, je ne dis pas à l'influence très-légitime de son nouveau maître, mais à celle des statues antiques dont on voit que la réminiscence l'obsédait même en peignant ses Madones. Mais on peut affirmer que les succès bruyants de Jules Romain, dans son voisinage, ne troublèrent jamais son sommeil.

On peut affirmer la même chose de Mazzolino et de Dosso Dossi, dont la répulsion pour les prouesses du grand décorateur de Mantoue fut encore plus énergique. Mazzolino, très-peu soucieux de la correction du dessin et de l'élégance des formes, maintint son réalisme traditionnel contre le faux idéal de l'école dominante, et si Dosso Dossi sacrifia parfois son originalité souvent bizarre, ce fut pour s'approprier, autant que possible, les qualités de ses modèles vénitiens et particulièrement de Giorgione.

Enfin, outre le mérite de garder sa propre indépendance, l'école Ferraraise eut celui de réveiller un sentiment analogue dans des peintres étrangers que le hasard ou leur choix mit en contact avec elle. La plus intéressante de ces conversions momentanées fut celle de Girolamo Marchesi de Cotignola, qui, après avoir désavoué son premier apprentissage sous

Francia, pour adopter le style maniéré de la nouvelle école, vint secouer à Ferrare le joug qu'on lui avait fait subir à Bologne, et laissa dans un tableau presque vénitien qui orne encore aujourd'hui l'église de *Santa-Maria in Vado*, une preuve éclatante de l'émancipation de son pinceau.

Mais que pouvaient ces protestations partielles contre l'entraînement de l'opinion publique, non-seulement en Italie, mais partout où la civilisation italienne avait pénétré sous sa forme la plus séduisante, avec la sanction d'un nom dont le prestige semblait s'accroître par la distance; car c'était toujours Raphaël qu'on croyait voir revivre dans ses disciples, et cette croyance superstitieuse avait jeté de si profondes racines qu'il eût fallu des miracles pour l'ébranler.

FIN.

9181. — Imprimerie générale de Ch. Lahure rue de Fleurus, 9, à Paris.

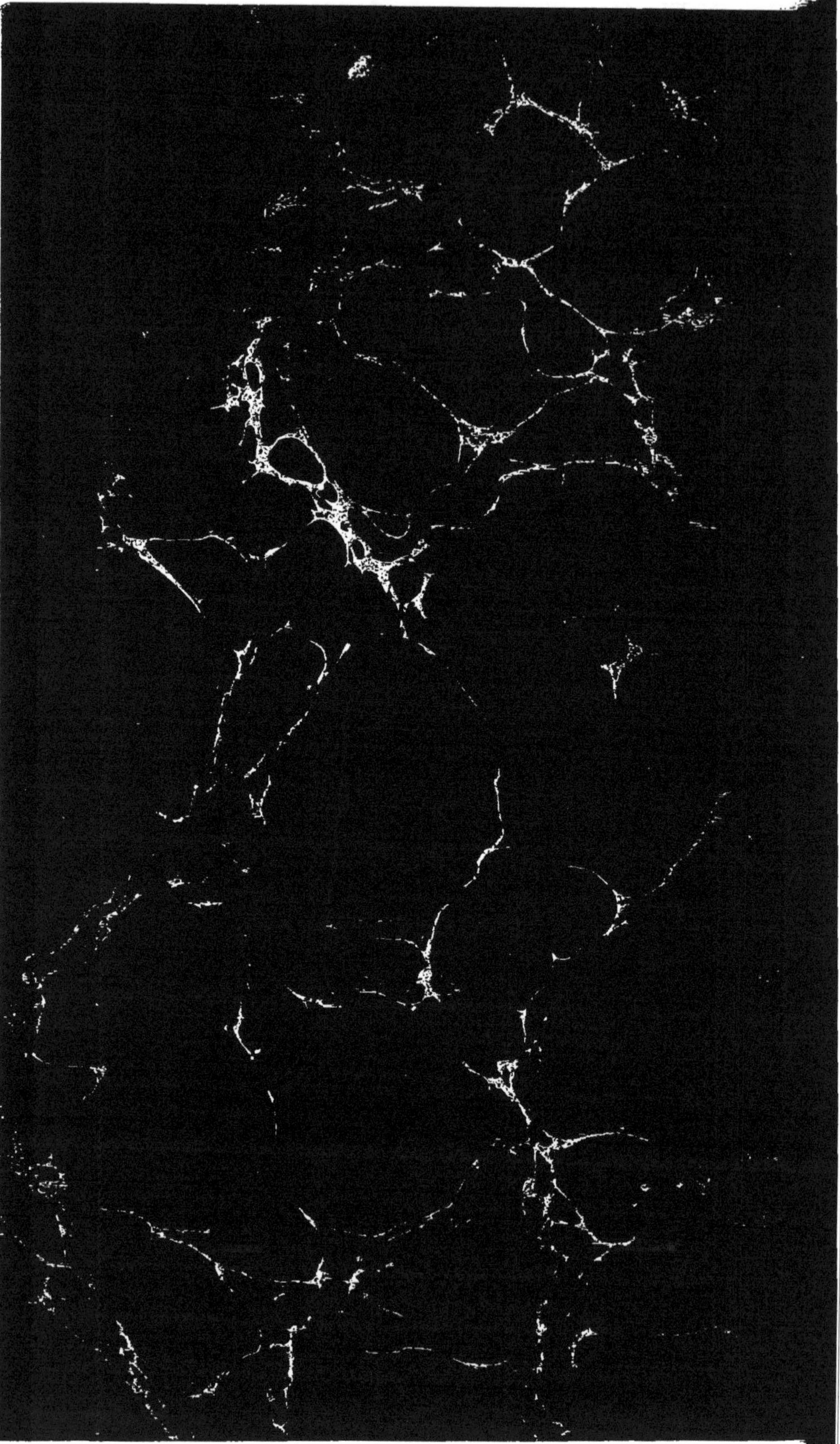

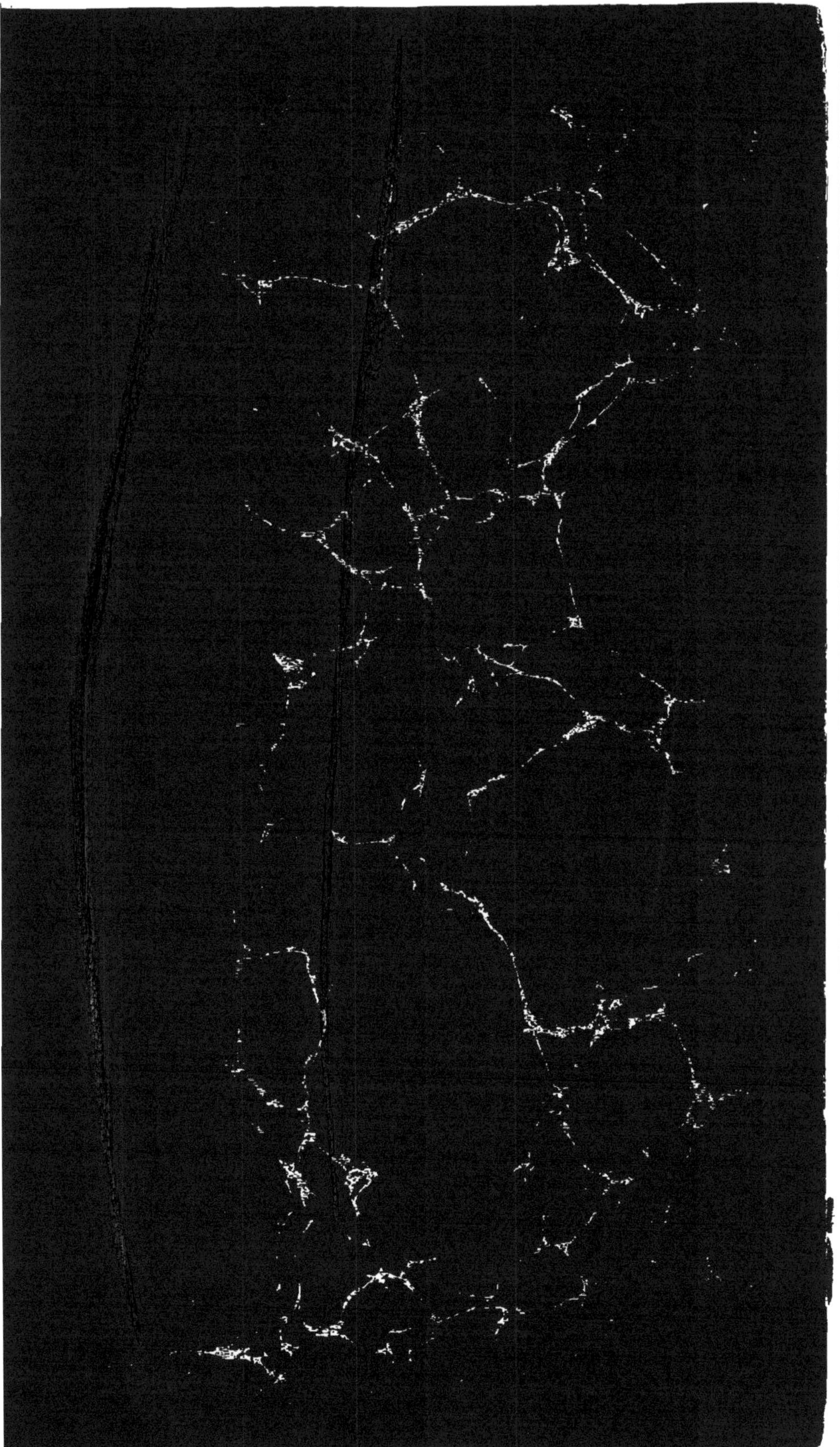

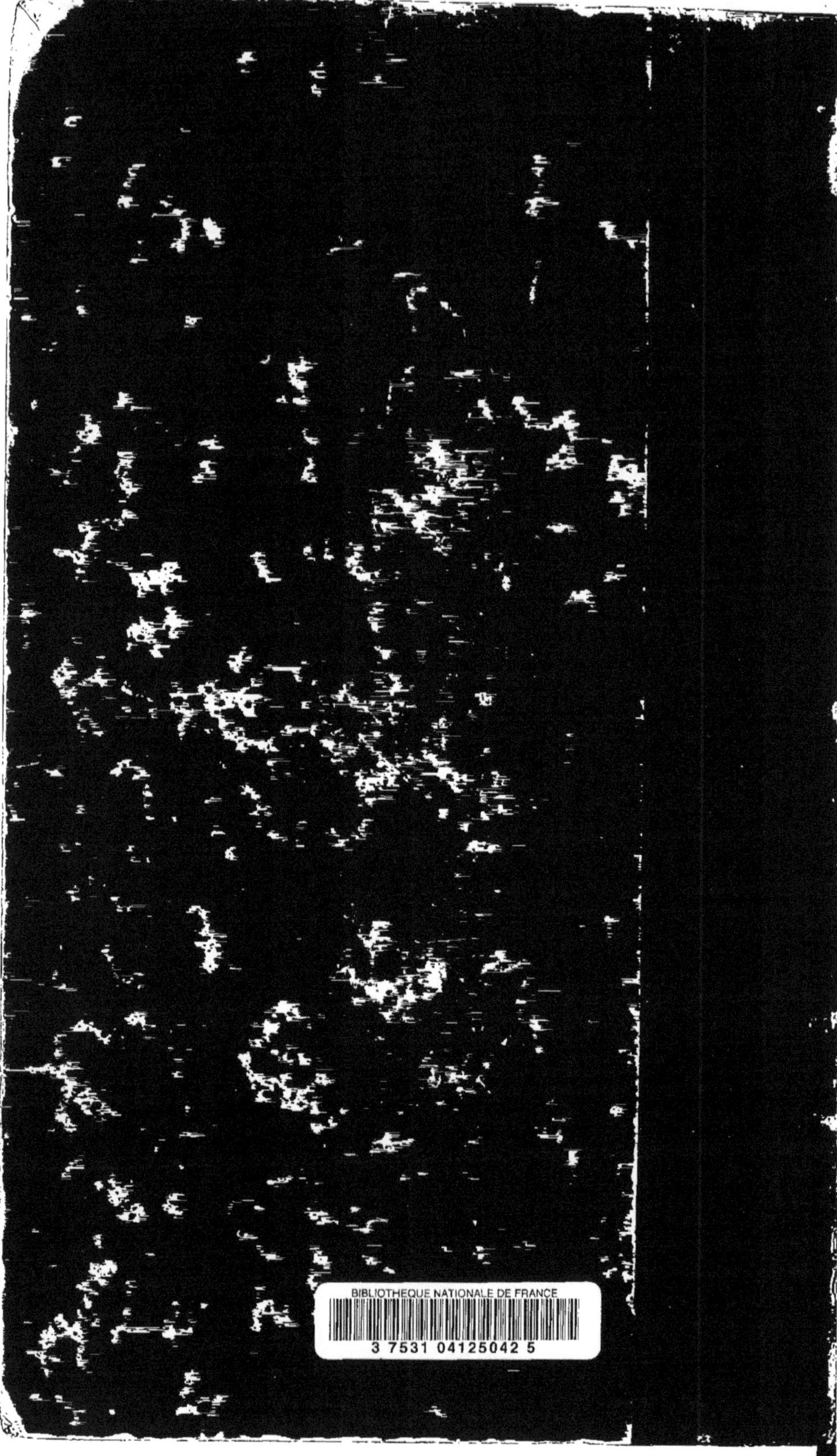

9 782013 690829